울 엄마와 아들

울 엄마와 아들

최성달 지음

코람데오

머리말

울 엄마란,

나를 굶기지 않게 하시려고 파란만장하게 사셔도 나를 사랑하시고 나는 즐거워서 부르던 우리 어머니의 이름입니다.

생전에 이따금씩 짜증을 내시면 나는 불쾌하여 울었는데 울 엄마의 그때 심정을 내가 팔순이 된 지금에야 알 듯하며 지금 살아계신다면 호강시켜 드릴 것을 울 엄마는 강물처럼 흘러만 갔습니다.

나는 영원히 돌이킬 수 없는 불효자가 됐습니다.

후회막심합니다.

“엄마, 용서해요!” 하고 이따금씩 말이 튀어나오지만 소용없는 줄 알면서도 가끔씩 되풀이됩니다.

그때 성난 울 엄마의 가슴이 이제는 내 가슴이 되어 어머니의 뒤를 나도 따라가면서 아무도 알아주는 이 없는 울 엄마(金玉伊) 생애의 일부분이라도 글로 적어서 오래오래 남기고 싶습니다.

그래서라도 죄책감에 불탈 듯한 가슴이 조금이라도 식을까 싶어 졸필을 무릅쓰고 썼습니다. 곁들여 나의 지난 일도 기록하여 참고가 되고자 합니다.

격려해주신 이혜옥 선생님과 최용환 님께 감사드립니다.

서울 국사봉 밑에서

최성달 謹呈

| 차례 |

01
울 엄마, 친정 가시던 날

울 엄마가 친정 가시는 날은 설날처럼 기쁘다.

울 엄마는 아침 일찍 일어나 뒤꼍에서 창포 잎을 뜯어 물로 끓여 머리를 감고 빗으로 빗고 비녀를 꽂고 거울로 머리를 들여다보면서 예쁘게 만진 다음, 흰 치마에 흰 저고리와 흰 고무신으로 차려입고 궁개이(향초)를 머리에 꽂고 나선다. 그러면 울 엄마가 가는 곳마다 향내가 난다.

나도 새 옷으로 갈아입고 울 엄마 뒤를 따라가면 날아가는 듯이 기쁘다. 큰길에는 차도 달려가지만 울 엄마와 함께 가면 참샘(冷泉)까지는 잠깐(2킬로미터) 만에 간다.

그곳에서 오른쪽 논밭 사잇길로 조금 가면 떡당산이 있고 그다음에는 소나무 숲 속 오솔길로 들이간다. 송신 냄새가 물씬 풍긴다. 소나무들이 하늘을 덮어 햇빛이 적은 데서 진달래가 여기저기 피어 있을 뿐 아무도 지나가는 사람이 없다. 오르막 내리막이 많아 힘이 들어 열심히 길만 가시던 울 엄마가 나를 뒤돌아보시며 "달아 뒤재(피곤하지)?" 하고 물으시면, 나는 "아니!"라고 대답하고 내리막길을 달리며 자동차처럼 뛰뛰 소리치니, 울 엄마는 "음무 잘 간다! 우리 달이! 음무 음무……." 하시며 좋아하셨으나 나는 곧 힘이 들어 주저앉고 말았다.

울 엄마도 땀을 흘리시며 내 옆에 앉으시더니 내 신발을 벗기고 발을 두 손으로 주물럭주물럭 주물러 주셨는데 울 엄마의 손은 거칠었으나 따뜻했다. 나는 힘차게 일어나 다시 걸었다.

소나무 숲을 다 지나니 맑은 하늘 아래 밭들이 넓게 펼쳐졌고, 그 너머에는 푸른 동해바다가 끝없이 펼쳐져 있었다. 파도가 밀려오더니 뭍에 가까이 와서 쏴 소리를 내면서 흰 파도로 바뀌며 옆으로 길게 뻗치더니 사라지고 다시 들어가니, 내 가슴 속까지 들어와서 씻어주듯이 시원했다.

조사리 마을이 보이고 외가도 보였다. 그 위로 갈매기가 날아다니며 끼욧끼욧 소리쳤다. 나는 손을 번쩍 들고 "만세 다 왔다! 외가가 보인다."고 고함치며 힘차게 달렸다.

외가 사립 앞까지 숨차게 달려가 보니, 방안에는 사람들이 많았고 외숙부가 마루에 앉아 계셨다.

"큰아버지……" 하고 소리치며 뛰어가니, "아이고 우리 달이 왔구나." 하시며 두 손으로 나를 번쩍 들어 위로 올리시고 쳐다보시는 그 얼굴에서 나는 수염투성이지만 한 점 티도 없는 순정을 느꼈다.

외가 바로 앞이 동해바다다. 파도는 누가 만들어 보내는지 끊임없이 와서 외가 집 앞 큰 바위에 부딪치면 '찼-탕……' 하고 큰 소리를 내며 산산이 부서져 사방으로 흩어졌다가 떨어진 후 다시 합쳐져서 들어갈 때는 조개껍데기와 작은 돌들이 휩싸여 '좌르르' 소리가 났다. 밤새도록 '찼탕 좌르르 찼탕 좌르르……' 소리로 인해 잠이 오지 않았다. 자려고 이불을 덮고 눈을 감아도 이불 위로 바닷물이 조르르 흘러 오르는 듯했다. 울 엄마는 잠 못 자는 나에게 어머니가 어렸을 때 이 마을에서 자랐던 이야기를 해주셨다.

이곳은 경북 포항시 북구 송라면 조사리 울 엄마의 친정이었다.

02

걸비가 누군데?

넓고 망망한 동해바다!

그 수평선 너머에서 아침 해가 떠오르려고 동쪽 하늘이 불그스레하면 고기 잡던 배들은 돌아온다. 어두웠던 바다는 점점 밝아오고 풍어를 알리는 기를 꼽은 배에서 흘러나오는 어부들의 노 젓는 노랫소리가 점점 가까워진다.

"어기야 산자! 어기여차! 어기야 산자! 어기여차!"

아낙네들은 방티(물건 담는 나무그릇)를 가지고 뱃머리로 모여들어 자기 남편이 잡아온 생선을 나누어 방티에 담아서 이고, 농촌 아침 반찬에 늦을세라 종종걸음으로 달려간다. 생선은 살아서 푸득푸득 뛸수록 잘 팔리기 때문이다.

이처럼 활기찬 아침도 오후가 되면 한산하다. 골목길은 지나가는 사람도 없었는데 이날은 한 어수선한 차림의 자그마한 중늙은이가 큰 상자 같은 것을 메고 땀을 흘리며 마을로 들어오다가 지나가는 노인을 보고, "저 여기, 걸비네 집이 어딩기요(거지네 집이 어디 있소)?"라고 물었다.

노인은 놀란 듯이 그를 보고 주춤 멈춰 서더니 약간 음성을 높여, "걸비라니, 걸비가 누군데?" 하고 대답해주지 않고 도리어 물었다.

상자를 메고 오던 자도 대답을 기다리며 노인을 보고, 노인도 대답해주기를 기다리며 서로 마주 보기를 한참 동안 하더니 노인이 먼저 깨달은 듯 슬그머니 나그네 곁으로 다가가서 상자를 만지면서 혼자서 낮은 목소리로, "이게 무언가?"라고 중얼거리니 상자를 메고 오던 자가 잽싸게 "농이시더."라고 침을 뱉어 버리듯이 크게 말해버렸다. 그 소리를 들은 노인은 고개를 끄덕끄덕하며 알겠다는 듯이 또 혼잣말로, "하긴(과연) 걸비 농 같아."라며 중얼거리며 지나가니 이 농이 가야 할 곳부터 어려웠다.

※ 그 상자는 아버지가 울 엄마에게 보내온 결혼예물인 농이며 울 엄마의 둘째 오빠의 별명이 '걸비'이지만 아는 자가 거의 없었다.

03
검은 머리가 파뿌리가 되기까지

울 엄마의 아버지는 김유신 장군의 후손이지만 괴질에 걸려 의원에게 치료를 받던 중에 사망했고, 옆에서 거들던 외할머니도 죽으니 치료하던 의원은 그 약이 너무 독한 줄 깨닫고 자기도 죽을 것 같아서 그의 집으로 급히 돌아가던 도중에 죽었다.

이 죽음은 온 마을 사람을 놀라게 했다. 교인이었으므로, 교인들이 모두 나와서 찬송을 부르는 가운데 두 분의 상여가 나란히 장지로 가는 광경을 보고 마을 사람들이 서로 말하기를 "죽어도 부부가 정답게 간다."고, 슬픈 가운데도 부러워했다고 한다.

그때 울 엄마는 12살! 2남 2녀의 막내였다. 언니는 시집갔고 오빠들은 빈둥거리기만 하니 외할머니가 하시던 집안 살림을 도맡아 하게 됐다. 보릿고개가 되면 마을 디딜방앗간은 밤늦게까지 모두 만원이라 줄을 서서 기다려야 했다. 울 엄마는 차례가 되어도 나이 많은 어머니

같은 자들에게 빼기고 밤중에 방아를 찧어 밥을 하니 너무 힘이 들어 인자하신 어머니가 곧 와서 대신하실 것 같아 기다려보지만 아무리 기다려도 영 오지 않으니, 어머니가 그리우면 생전에 함께 다녔던 교회로 가게 됐다. 교회에서는 착실하다고 칭찬하며 16살이 되던 해에 진실한 신자에게 중신하는 특전을 받아 혼인하게 됐으니 고생을 끝내고 기쁨의 세상으로 들어간 것이다.

방혜법 선교사가 신랑 집 마당에서 이들의 혼인예식을 주례하면서, "신랑 최복영 군은 신부 김옥이 양을 신부로 맞이하여 검은 머리가 파뿌리가 되기까지 서로 사랑하며 살겠습니까?"라고 질문하니, "예!" 하고 대답했다.

그 이튿날 아침에 마을의 개구쟁이들이 산으로 나무하러 가면서 집 앞을 지나가다가, "검은 머리가 파뿌리 되기까지 사랑한다는 사람은 인정없다네!"라고 소리를 질러 놀려댔다고 한다.

※ 당시 사람들은 이러한 결혼식은 처음 보았다고 한다.

04

내 고향 하부(河夫)

하부는 아버지의 고향이요 내가 태어난 곳이다.

포항에서 동해를 오른편으로 하고 북으로 50~60리를 가다 보면 나오는 바닷가 작은 마을이다.

산이 바닷가 가까이까지 차지하여 농토가 적고 마을의 집들이 모두 바다로 향한 것처럼, 이 마을 사람들은 바다를 의지하고 살아간다. 우리 아버지도 어부였으며, 산기슭에 60도나 되는 경사진 곳에 4백 평가량의 밭에 농사도 지셨는데 거름을 지고 오르려면 여간 힘든 일이 아니었다. 백부님이 성수 형(사촌 형)에게 변소의 똥을 모두 밭에 져다 부으라고 분부하시면, 오리(2킬로미터)나 되는 비탈진 밭에 하루 종일, 그리고 그다음 날까지라도 똥을 져다 날려야 했다. 가파른 비탈을 올라가려면 힘도 들고 똥물장구(나무로 만든 통)가 세어서 똥물이 옷에 떨어져 지독한 냄새를 하루 종일 맡아야 했다. 하루는 큰어머니가 호박을 따오라고 하셨다. 성수 형과 나는 그 밭에 올라가서 호박을 따서 내려오는데 형이 호박을 빠뜨렸다. 그러자 호박이 그 높고 가파른 경사지에서 쏜살처럼 바닷가까지 굴러내려가 산산조각 났다.

조상들의 산소는 이보다 더 높은 곳에 모셨으니 어떻게 상여가 올라갔을까? 불안한 마음이 들었다. 어느 추석 전날 벌초를 하러 백부님을 따라갔더니 묘의 형태는 거의 평지가 되어 있었다.

벌초를 마친 후 백부님은 조상들의 이야기를 해주셨다

우리 조상 전주 최씨(全州崔氏)의 시조는 신라 6촌 중의 하나였던 돌산고허촌의 촌장 사량부 소벌도리였으며(BC 57년경) 그로부터 24세 최치원(崔致遠), 최언위(崔彦撝), 최승로(崔承老)는 그 한 시대의 세 사람의 최씨로(一代三崔) 유명했고 모두 한집안으로 경주 최씨였으나, 최언위는 전주(全州) 최씨로 나뉘어져 최순작(崔純爵)을 1세(世)로 우리 가문 이 이어져 내려오니 나(聖達)는 25세로 익(翼)자 돌림의 경절공파(敬節公派)이다. 8세 최덕성(德成), 최사미(思美), 최유경(有慶) 3형제 중, 유경만 이조(李朝)에 부름을 받아 벼슬에 나갔고 위로 두 형제는 불사이군(不事二君)의 대쪽 같은 충절로 이조의 부름을 거절하고 구름처럼 흘러 흘러 이곳(하부)까지 다다랐다고 한다.

여기까지 말씀하신 백부님은 울먹이는 음성으로, "고기도 물이 너무 맑으면 못사는 법이여!"라고 하시며 내게서 얼굴을 돌려 바로 앞에 내려다보이는 먼 동해 수평선을 하염없이 바라보시며 수건으로 얼굴을 닦으셨는데 눈물도 닦으셨으리라……. 그때 갑자기 나도 뜨거운 열기를 느꼈다. 그 눈물은 이조의 궁궐에서 맑은 가락이 흘러나올 때마다 뼈를 깎는 아픔을 겪으면서 이곳까지 다다른 선조들의 한이 맺 흰 눈물일 것이다.

산소의 모습은 찾아보기 어렵게 변했어도 해변 소나무들은 울창하게 자라나 하늘을 덮어 산소는 안방 같았다. 수많은 세월이 흐르는 동안 그때그때의 바람과 환경에 따라 가지들이 이리저리 굽어져 망망한 동해의 해풍을 막아 산소를 아늑한 안방처럼 만들었다. 노송들이 병들지 않고 울창하게 사시장춘(四時長春) 청청(淸淸)함이 신기(神氣)했다.

최사미(崔思美)는 고려 충숙왕(忠肅王) 때 봉익대부 예의판서(奉翊大夫 禮儀判書), 그의 아우 최덕성(崔德城)은 충혜왕(忠惠王) 때 삼사좌윤 중전대부(三司左尹 中政大夫), 최유경(崔有慶)은 충선왕(忠宣王) 때 밀직사 전법판서(密直司 典法判書)를 지냈다.

05

삼사예배당(三思禮拜堂)

보리는 다 자라서 짙은 초록색으로 진달래는 연분홍색으로 수놓은 화사한 봄날, 안개가 바다도 산기슭도 마을까지 덮어버리고 햇빛마저 가리어져 아침이 꿈나라 같았다. 10리 밖에 있는 삼사예배당 종소리가 '천당 천당……' 하며 짙은 안갯속을 뚫고 내 귓속까지 오느라고 약해져서 모깃소리만큼 간신히 들려왔다.

아버지는 내 손을 꼭 잡으시고, 파도가 찰싹거리는 바닷가 모래사장을 따라 종소리가 나는 삼사예배당을 향하여 걸어가시면서,

"내 주여 뜻대로 행하시옵소서……

큰 근심 중에도 낙심케 맙소서……"

라고 찬송가를 부르셨는데, 그 소리가 파도소리에 휩싸여 작아졌다 커

졌다 하며, 아버지의 흰 두루마기가 바람에 휘날려 춤을 추었다.

갈매기도 끼웃끼웃 하며 함께 찬송하듯 우리 위로 날아오고……. 주일이면 언제나 즐거웠던 이 길은 꿈에 본 것이 아니었다.

06
인명(人命)은 재천(在天)이다

울 엄마는 시집가면 고생이 끝나고 잘살 줄 아셨다.

그러나 시집은 비탈진 산기슭에 4백 평의 밭 하나뿐이며 봄에는 보리, 가을에는 서숙을 심어 큰집과 두 가정이 먹으니 봄이 오기도 전에 양식이 떨어지고 생선을 잡아 팔아서 곡식을 사 먹어야 했다. 생선이 많을 때는 바닷가 모래사장으로도 수없이 올라올 때도 있지만, 없을 때는 바다로 나가도 빈 배만 돌아왔다.

비가 오지 않는 흉년이 2년이나 계속되고 바다에서 불어오는 뜨거운 해풍에 곡식은 불에 타듯이 말라죽어 버렸다. 그래도 파래는 자라나니 바닷가 바윗돌에는 온 마을 사람들이 나와서 뜯어 죽을 끓여 먹는데, 곡식은 귀하여 많이 넣지 못했고, 없는 집은 파래만 끓여 먹었다. 파래죽은 오래 먹으면 얼굴이 푸석푸석 부어오르고 힘이 없어져 드러눕게 된다. 외숙부가 오시던 날 아버지가 드러누워 있었는데 얼굴이 부어오른 것을 보시고 문둥이에게 여동생을 시집보냈다고 큰 걱정을 하시며 자택으로 돌아가셨다고 한다.

그래서 하부 마을 사람들은 곡식을 구하러 농촌으로 가야 했다.

그날도(1930년경) 아버지는 새벽 일찍이 고기 잡으러 바다로 나가시고, 울 엄마는 아버지가 염전에서 일한 품삯 대신 받은 소금을 곡식과 바꾸려고 농촌으로 이고 가셨다.

이 집 저 집 부지런히 돌아다니며 곡식으로 다 바꾸어 해가 서산으로 기울어질 무렵에 돌아오는데 아침에는 구름만 끼었던 하늘이 점점 바람이 거세게 불어왔다. 강구 가까이 오니 많은 사람들이 “큰일 났다. 큰일 났다.”며 뛰어가니 울 엄마는 궁금하여 “무슨 일이 났어요?” 하고 묻자, “해일이 났어요. 배가 뒤집혔대요.”라고 대답하니, 울 엄마는 “우야꼬!” 하며 비명을 지르며 뛰어가셨다. 아버지가 새벽부터 바다로 간 것이 생각났기 때문이다. 이고 오던 곡식자루는 어디에서 떨어진 줄도 모르고 강구 바닷가까지 달려와 보니 벌써 바닷가에는 인산인해를 이루었고 파도가 하늘 높이 솟아오르고 배들이 뒤집혀 물속에 빠진 자들은 거센 파도 속을 헤엄치면서 “사람 살려요!” 하고 소리쳤고, 시체들이 여기저기 떠 있었다.

먼바다에도 풍랑은 일지만 애를 써서 어렵게 육지에 다 들어와서 하늘로 치솟는 파도에 뒤집히니, 한 척씩 뒤집힐 때마다 보고 있던 수많은 자들이 모두 한목소리로 똑같이 “아이고 사람 살려요!”라고 고함치니 그 소리가 파도소리보다 컸다. 어떤 이는 땅바닥에 펄썩 주저앉아 땅을 치며 통곡했다. 울 엄마도 서서 “아이고 하느님이요!” 하고 땅바닥을 친다는 것이 정신없이 바로 앞 노인의 등을 힘껏 치니 깜짝 놀란 그 노인이 고개를 돌려 뒤에 있는 울 엄마를 물끄러미 보니, 그때서야 울 엄마는 땅을 친다는 것이 그의 등을 친 줄 깨닫고 "미안합니다." 하고 고개를 숙이니, 그 노인은 "괜찮아요." 하고 점잖게 말했다고 한다. 그리고 다시 바다를 보니 배가 한 척 들어오는데, 그 배의 사람들은 모두 옷을 벗고 열심히 노를 젓고 뱃머리에 한 사람은 옷을 벗지 않고 입은 채 무릎을 꿇고 두 손을 모으고 기도하는 모습이었다. 그 배가 육지 가까이 왔으나 파도는 하늘로 치솟지 않고 육지로 힘차게 뻗치니, 그 배는 파도의 힘으로 모래사장 위까지 화살처럼 올라왔다.

보고 있던 사람들은 일제히 박수를 치며 "잘한다! 잘한다!" 하고 기뻐했다. 울 엄마는 멀리서도 기도하는 자가 아버지인 줄 알고 감격하며 재빨리 다가가서, "배가 뒤집혀도 옷을 벗고 있어야 살지. 왜 죽으려고 옷을 안 벗었소?" 하니, 아버지는 "옷 벗는다고 사느냐? 인명은 재천(在天)이다!"고 퉁명스럽게 대답하셨다.

이 배의 선주 백부님은 그날 저녁을 드신 후 그때서야 정신을 차리고, "앗다! 그놈의 파도 대단하대! 태산 같은 것이 닥쳐오고 또 오니 살아갈까 싶으잖태! 그런데 저 하계(선원)란 놈은 고약하게도 파도가 올 때마다 배가 기울어지는 쪽으로 쏠려가며, '애개개개, 내 죽네! 사람 살려!' 하고 곧 숨넘어가는 것처럼 비명을 지르니 도무지 정신을 차릴 수가 있어야지. 그만 속이 상해서, '저놈 바다에 처넣어라!'고 고함쳤지! 그런데 임오(아버지의 택호)는 뱃머리에 무릎을 꿇고 앉아 조용히 기도하는 것을 보고 모두 힘이 나서 옷을 벗고 열심히 노를 저었는데, 우리 배는 파도가 하늘로 치솟아 오르지 않고 육지로 힘차게 뻗치니 그 힘으로 모래사장 위까지 화살처럼 올랐지! 거 참! 신기하대. 천지신명 하늘님이 도우신 거야!" 하시며 감격하셨다.

그 후 아버지는 백부님과 의논하여 방 하나를 기도소로 정하고 예수님을 전하시니 방이 비좁도록 온 마을 사람들이 모여들어 아버지는 새벽까지 설교하셨다. 그래서 이곳은 삼사교회 기도소가 됐다.

07
밥을 구걸하여 죽을 쒀 먹더라도……

최응현(崔應顯), 우리 할아버지는 헌칠한 키에 잘생기고 선비 같아서 마을 사람들이 존경했으나, 가난하여 고기를 잡으러 다니니 함께하던 자들이 거북하여 어부를 하지 말고 고기가 오는 것을 발견하여 잡으러 가라고 알리는 일(지금의 어촌계장)을 맡겼지만 고기가 없으니 배들은 바닷가에 묶여 있기만 했다.

이 마을 사람들은 고기를 잡아 팔아서 곡식을 사 먹는데 고기가 없어 굶주리기 시작했다. 그래서 파래로 죽을 끓여 먹으려고 바닷가 바위에는 파래를 뜯으려는 자들로 우글거렸다.

울 엄마도 파래를 뜯다가 미역을 발견하여 물속에 팔을 뻗치는 순간, 큰 파도가 덮쳐 그만 바다에 빠져버렸다. 다시 바위 위로 오르려고 바위를 붙들었지만, 바위에는 해초가 빈틈없이 돋아나서 미끄러워 붙잡지를 못하고 파도에 휩싸여 들어갔다 나왔다를 반복할 뿐 힘은 다 빠지고 점점 물밑으로 가라앉으니(12살 때 외할머니가 돌아가시니 집 안 살림을 하느라 수영을 배우지 못했다), "사람 살려요!" 하고 소리쳐도 사방이 바위에 둘러싸였고 파도소리는 높아 들리지 않으니 아무도 오지 않았다. 점점 물밑으로 가라앉게 되니 이제는 죽는구나 싶어 눈을 감으니 방 안에 잠재우고 온 두 아기가 아련히 떠올라 '죽어서는 안 돼!' 하며, 가진 힘을 다해 몸부림을 치니 다시 물 위로 솟아올라 그때서야 친구들이 파래를 다 뜯어 집으로 가자고 울 엄마를 찾으러 왔다가 이 모양을 보고 미역을 건져 올리는 긴 대나무를 드리워주어 엄마는 그것을 붙들고 올라왔다. 집으로 와서 형과 내가 둘이 나란히 누워 잠자면서 이불을 걷어차고 고추가 까딱까딱하는 것을 보고 실컷 울었다고 하셨다.

어머니뿐만 아니라 아버지도 해일로 죽을 뻔한 일을 겪었으니, 울 엄마는 아버지에게 "여보 내가 밥을 구걸해서 죽을 쒀 먹더라도 농촌으로 이사 갑시다. 이곳에 살게 되면 우리 아이들도 우리 모양으로 살게 될 것이니" 하고 애원하여 해가 질 무렵에 소달구지에 세간살이를 싣고, 아버지와 어머니, 형과 나 이렇게 네 식구는 30리 길을 걸어서 관동으로 이사했다.

그때 나는 다섯 살이었다. 소달구지를 붙잡고 걸어가면서 꾸벅꾸벅 조니 아버지가 나를 번쩍 들어 소달구지에 태워주어 어두컴컴할 때 관동 새로 이사 온 집 마당까지 타고 왔다.

우리 할아버지는 큰아버지를 낳고 할머니가 돌아가시니 계모를 맞이하여 아버지와 고모를 낳았다. 우리 할머니가 하부 마을에서 집집으로 밥을 얻으러 다니다가 계모라고 멸시를 받으면, 아버지는 종종

개 짖는 소리가 들리지 않는 산골짝으로 들어가서 금식기도를 하셨는데, 아버지의 독실한 기독교 신앙은 이런 환경 때문이었을까? 울 엄마는 고난 속에서도 살아난 이상한 일들을 종종 보았다고 말씀하셨다. 바다의 두려움과 서러움이 고향을 쉽게 떠나게 했을 것이다.

08

관동(冠洞) 우리 집

이사 온 관동 우리 집은(경북 포항시 청하면 덕천리 235) 두 채인데, 큰 채가 5칸, 작은 채가 2칸으로 아침 해가 떠오를 때부터 질 때까지 햇빛이 방안에 밝게 들어오는 남향의 아담한 초가집이었다. 바로 앞에는 동사무소가 있고 마을의 중심지라 사립 앞길은 오가는 사람들이 많았다.

앞에는 마당이 넓고 집 뒤에는 채소밭과 장독대와 꼬양나무(고욤나무)가 한 그루 있어 여름에는 매미가 날아와서 울어주었다. 꼬양은 서리를 맞으면 꿀같이 달다. 채소밭에는 배추를 가꾸어 나물을 만들어 먹으면 아무리 먹어도 싫지 않았다. 할머니가 만든 장맛이 달아 봄이 무르익는 5월이면 장을 끓이는데 심신산곡의 범나비들이 맛있는 장 냄새를 맡고 날아와서 너풀너풀 춤을 춘다. 장독대를 둘러싸고 꽃들이 심겨져 있는데 접 작약이 활짝 피면 나는 그 진한 젖빛과 향기에 취하여 그 곁을 떠나고 싶지 않았다. 그 옆에서 자라는 키가 큰 접시꽃의 빨간 꽃잎은 닭 벼슬 같았고, 창포와 궁갱이는 향초였다. 울 엄마는 교회에 갈 때 그 풀들을 물에 넣어 끓여서 머리를 감으셨다. 아버지가 무서운 바다에서 뱃사공으로 일하여 모은 돈으로 이 집과 방가지실(지명) 밭 715평을 사들인 것이다.

처음 이사 왔을 때 다섯 살인 나는 큰 채의 가운데 방에서 아버지와 어머니와 함께 잤다. 내가 곤하게 자고 있는 새벽이 되면 언제나 아버지는 노래를 하셨는데 무슨 뜻인지는 몰랐지만 '날랑새'라는 말이 똑똑히 들려 새벽에 나는 큰 새가 날아오는 줄 알고 무서워 눈을 뜨고는 어두운 방 천장을 쳐다보았다. 그래도 물어보지 않았는데 이후에 그 말은 새가 아니고, '날 항상 거느리시고'라는 찬송가 가사였음을 어느 날 가정 예배 때에 불러 알게 되니 안심이 됐다.

큰방 오른편에는 청마루가 있다. 아무리 더운 날이라도 서늘한 바람이 지나간다. 그때 우리 식구들은 삼복더위에 서숙 밭을 매느라고 땀을 콩죽같이 흘리다가도 이곳에 오면 서늘했다. 울 엄마는 밭매기도 빠르시지만 일이 끝나면 재빠르게 신둥굴(우물) 찬물을 집으로 이고 와서 그 물에 풋고추를 담아 차게 하셨다. 그 고추를 시금장에 찍어 식은 보리밥 한 그릇을 맛있게 먹어치우고 나면, 나도 모르게 스르르 잠이 들었고, 꼬양나무에서 매미가 맴맴 소리쳐서 잠을 깨우곤 했다.

그 옆에는 형의 방이 있다. 때때로 노랫소리가 나서 가보니 유성기 소리였다. 작은 상자 속에서 백년설, 남인수 등 유명한 가수들이 들어가서 노래하는 것 같아 신기했다.

큰방 오른편은 부엌이다. 울 엄마는 이곳에서 많은 세월을 보내며 밥을 하셨으니 그것을 모두 합친다면 집 두 채보다 더 클 것이다.

부엌 옆에는 도장이 있다. 이곳은 양식을 저장하는 곳인데, 울 엄마는 특별한 음식을 하면 이곳에 감추셨다. 가을 추수를 끝낸 아버지의 보신용으로 수수 조청을 만들어 나에게는 조금만 주고는 이곳에 감추면서 "너희 아버지 기침약이니 먹지 마라!"고 말씀하셨으나, '먹지 마라!'고 하시니 더 먹고 싶어졌다. 밤낮으로 그곳에 마음이 쏠리며 한 번만 먹어봤으면 싶었다. 그리고 열쇠를 숨겨두는 곳까지 발견한 후 울 엄마가 없는 날을 노렸다. 그러던 어느 날 울 엄마가 장에 가고 난 때를 타서 도장 안으로 두근거리는 가슴을 억누르면서 들어갔다. 들어갈 때는 표가 안 나게 한 번만 먹고 만다고 마음먹고, 조금 마시고 살그머니 나와 문을 잠그고 열쇠도 엄마가 감췄던 자리에 넣었다. 그러나, 그 이튿날 또 먹고 싶어 '이번만 먹고 안 먹을 것이다!'고 결심했으나 그다음 날도 또 먹고 싶어지니 조청 한 항아리를 거의 다 먹어버렸다. 그래서 울 엄마가 야단칠 일이 걱정이 되어 날마다 울 엄마 눈치만 보고 있었으나 며칠이 지나도 아무 말도 안 하니 나도 잊어버렸다.

그런데 어느 날 갑자기, "요놈우 자식! 아버지 약하려고 만들어놓은 조청! 네가 다 먹었지!" 하고 고래고래 고함을 치며 수수 빗자루를 들고 호랑이처럼 다가오셨다.

나는 맞을 각오가 다 되어 있으니 도망치지도 않았다.

그런데 이상하게도 울 엄마는 호랑이처럼 야단치실 줄 알았는데, 가까이 오시더니 갑자기 얼굴을 뒤로 돌리며 '피식!' 웃고 돌아가 버리신다. 웬일일까? 불같은 울 엄마가 때린다면 사정없이 때리는데, 왜 안 때릴까? 또, 왜 웃을까? 그것이 궁금했는데. 그 후 울 엄마가 이웃 아주머니들과 놀면서 이렇게 말하는 것을 나는 엿들었다.

울 엄마가 나를 낳기 전에 아이를 낳았으나 몇 달을 살지 못 하고 죽었다. 그런 가난한 가운데 또 내가 태어나니 나 역시 죽을까 봐 걱정이 되어 파래를 먹지 않고 들에서 나물을 캐오고, 농촌으로 가서 곡식을 도부해와서 죽을 끓여 먹기도 했으나 날 때부터 잔병을 많이 하며 밤낮으로 울었다고 한다.

울 엄마는 잘 먹이지 못해 그런 줄 알고 엄마로서 죄스러워 나를 업고 재우려고, "자장자장 우리 달이 잘도 잘도 잘도 잔다. 앞 집개도 잘도 자고 뒷집 개도 잘도 자고 우리 달이 잘도 잔다."라고 노래하고 힘을 드려도 자지 않고, 대신 울 엄마가 서서 잠이 들어 다리가 젖히면서 폭 쓰러지니 업혔던 나는 "으앙!" 하고 고함치며 울어 울 엄마의 피를 말렸으니 울 엄마는 나를 내려놓고 수수 빗자루로 때리면서, "이 악물에 짐승, 죽으려면 빨리 죽어라."고 고함치며 화를 내셨다.

밤이 지나 새벽이 가까워 날이 새면 또다시 장으로 달려가야 하는데 한숨도 잠을 못 자게 하니 순간적으로 화가 나셨던 것이다.

얼마나 힘이 들어서 그랬을까? 그랬던 내가 차츰차츰 잘 먹으면서 울지도 않고 잠을 잘 자니 울 엄마는 지옥살이에서 해방된 듯하여 조청은 또 만들면 되니 '울지 말고 잘만 자라기'가 소원이셨다.

그 도장이 큰 채의 끝이며, 거기서 'ㄱ'자 방향으로 아래채가 있는데 방에는 내가 자고, 마구간에는 부잣집에서 온 송아지가 있다. 우리가 길러서 새끼를 낳으면 새끼는 우리 것이 되고, 주인에게 되돌려주는 뱃먹이 송아지였다. 그 송아지가 처음 우리 집으로 왔을 때는 어미 생각이 나서 밤낮으로 울어대니 벽 하나 사이에 둔 나는 시끄러워 잠을 잘 수가 없어 함께 울었다. 엄마가 없으면 저렇게 슬픈데……. 나는 그때까지 송아지보다도 못한 녀석이었다. 송아지가 불쌍하여 소 풀을 해주기 시작했다.

09
소 풀

우리 마을은 사방이 논밭이다. 그 논밭을 갈고 힘든 일을 소가 다 하니 소는 매우 귀중했다.

우리 또래들은 날마다 소 풀을 해야만 했다. 종하, 시무이, 붓틀이, 도일이 등 친구들과 논둑과 밭고랑을 헤매고 다니며 소 풀을 광주리에 가득 담아 집으로 와 부엌에서 큰솥에 밥그릇 씻은 물을 붓고 짧게 자른 마른 짚과 내가 해온 풀과 때로는 콩과 된장을 넣어 20~30분 동안 삶으면, 솥뚜껑 밑에서 '푸' 소리와 수증기가 뻗쳐 나오면서 구수한 냄새가 났다. 그러면 송아지는 그것을 먹고 싶어 혀를 내며 발버둥을 친다.

소죽을 퍼서 주면 우리가 밥을 먹듯이 잘 먹었다.

소 풀을 날마다 하니, 하기 싫어져서 풀 노름을 벌였다. 한 사람이 한아름씩 모아두고 15~16미터쯤 떨어진 곳에서 낫을 던져 가장 가깝게 던진 자가 모두 가져간다. 종하가 잘 던져 모두 가지고 콧노래를 부르면서 집으로 가고 우리들은 또 부지런히 풀을 베다가 소낙비가 갑자기 쏟아져서 더 벨 수가 없어 그냥 집으로 갔다. 그러자 울 엄마가 소 풀을 안 했다고 야단치셔서 나는 집에서 나와버렸다. 비가 그치고 해가 지니 집집마다 식구들끼리 모여앉아 저녁을 먹는 정다운 모습이 불 밝은 창문에 그림자로 보이는데, 나는 비가 와서 축축한 골목에서 앉을 자리도 없어 이리저리 걸으면서 집에서 멀지 않은 장터걸에서 우리 집을 보고 있으니 마침 그때 울 엄마가 사립에 나와 "달아 밥 먹어라! 달아, 밥 먹어레에이." 하고 애타게 부르셔도 나는 대답하지 않았다. 엄마가 애타는 것이 고소했다. 점점 어두워져 함께 놀던 아이들은 하나씩 집으로 가고 혼자 골목에 서서 외롭고 배도 고파 집으로 가만히 몰래 들어가서 부엌에서 솥뚜껑을 소리 안 나게 열고 나 먹으라고 담아둔 죽을 다 먹고 내 방으로 가서 잤다.

봄이 무르익은 5월이 되면 논과 밭, 넓은 들의 보리는 다 자라나 짙은 초록색으로 물들었다. 바람이 약간 불어도 보리들이 일렁이는 모양은 태평양(太平洋) 바다의 파도와 같았다. 하얀 찔레꽃은 활짝 피어 향기를 품고 파란 하늘에서는 종달새가 우지진다. 우리들은 소 풀 광주리를 옆에 두고 나른해져서 높은 논둑 밑에 누워 종달새를 쳐다보며 하늘로 높이 날아오르고 싶었다. 그놈들은 팔자가 좋은 듯이 낮은 공중의 한 곳에서만, 나래를 나풀 나풀거리며 모가지를 쭉 빼내어 땅 위를 내려다보고 쉴 새 없이 지지배배 노래하다가 갑자기 울음을 뚝 끊고 쏜살처럼 밑에 있는 우리들 옆으로 내려왔는데 어디로 갔는지 보이지 않는다! 잠시 후 벌레를 물고 밭고랑 속으로 소리 없이 날아 들어가니, 종하가 벌떡 일어나며 "야, 이제 알겠다! 나는 잡으러 간다!"고 소리치며 달려가니 모두 따라가서 보리밭 고랑을 샅샅이 뒤졌고 아무리 보아도 없었다. 보리뿌리는 벌써 노란색으로 변했고 흙색도 종다리 색도 똑같으니 도저히 찾지 못하고 돌아가려고 하는데 갑자기, "삐직" 하는 비명을 지르며 바로 종하가 서 있던 곳에서 종달새가 날아올랐다. 아이들은 모두 그곳으로 달려가 보니 보리뿌리 사이에 주먹만 한 둥지가 있고 둥지 안에 살구만 한 새끼 일곱 마리가 노란 주둥이를 자기 대가리보다 더 크게 벌리고 모가지를 서로 더 높이 쳐들어 어미가 물고 온 먹이(벌레) 하나를 서로 자기 입에 넣어 달라고 "쭈오 쭈오" 하고 소리 지르고 온몸을 바동거리며 안간힘을 다하고 있었다. 아직 귀도 눈도 뜨이지 않아 저승사자들이 왔는데도 지 어미가 온 줄 알았겠지? 우리들은 끝까지 벌린 노란 일곱 주둥이 모양이 귀여워서 정신없이 보고 있는데, 종하가 "내가 먼저 찾았으니 내 거다!"라고 소리 지르고는 둥지 채 들고 집으로 가져가니 아이들은 더 보고 싶어도 볼 수 없었다.

그 이튿날이었다. 종하가 힘없이 종달새 둥지를 들고 우리 집으로 왔다. 나도 보고 싶었는데 들여다보니 일곱 마리가 모두 죽어 함께 엉켜서 꼼짝하지 않았다. 종하는 방 안에 파리를 잡아주고 자기 아버지만 자시는 쌀밥을 주어도 먹지 않아 거친 자기 손으로 입을 벌리고 넣어줘도 안 먹고 서로 엉켜서 꼼짝하지 않으니, 종하 어머니는 "이 미련한 곰아 죽었다! 곱게 묻어주어야 벌을 받지 않는다!"고 야단을 쳤다고 하면서 나보고 장례식을 치르자는 것이다.

"아이고 아이고" 울면서. 사람 죽을 때처럼 둘이서 울면서……. 나는 어처구니가 없어서, "그러면 우리가 종달새 새끼냐? 무슨 장례식이냐? 너 혼자 해라!" 하고 고함을 치니, 종하는 둥지 채 덥석 들고 나가더니 우리 집 앞 도랑에 가서 돌로 두들겨 일곱 마리를 모두 난도(亂刀)질해버렸다.

그 일곱 마리가 다 자라났으면 노래하며 날아다닐 텐데, 그랬으면 더 좋았을 걸 싶었다.

10
소 먹이라 가자!

여름이 되면 산에도 풀이 무성하다. 소를 산으로 몰고 가서 풀을 뜯어 먹게 하면 우리들은 놀 수 있어서 즐거웠다.

넓은 덕땅(하얀 흙이 돌처럼 굳어진 것) 놀이터, 시원한 못, 복건대 딸기밭, 맑은 하늘 등이 있는 새탕산은 마을에서 1.7킬로미터로 가까운 곳이다.

윤정남은 학교를 마치기 바쁘게 마을 앞 언덕에 있는 포구나무 끝까지 올라가서 '미요도카이노'란 일본 노래를 부르며 나무를 꿀리며, "야들아 소 먹이라 가자!"고 외친다.

30미터나 되는 가느다란 나무 끝 가지에 아이가 매달려서 힘껏 꿀려서 올랐다 내렸다 하니 곧 부러질 듯하여, 마을 노인들이 "저저… 저 놈이 죽으려고 속이 뒤집혔나?" 하고 놀라며 야단치니, 그의 아버지 윤출영 씨는 "작아도 사나이가 저 정도는 돼야지!" 하고 자랑한다.

정남이의 소리를 들은 아이들은 모두 마을 뒷길에서 일제히 소를 타고 새탕산으로 출발! 20여 명의 소를 탄 어린이들이 말을 탄 어른처럼 껏덕껏덕 하며 나란히 간다. 어떤 녀석은 소가 껑충껑충 뛰어 떨어져 도랑에 처박혔다가 일어나 울면서 소를 몰고 간다. 재미있게 타고 새탕 못에 이르면 땀에 젖은 옷을 홀랑 벗어 던지고 못 속으로 제각기 달려들면 '첨벙! 첨벙!' 소리와 함께 시원한 그 기분은 파라다이스다. 고운 왕잠자리가 내 머리 위에 앉으려는 것을 물로 치니 다른 곳으로 날아갔다. 이 못은 바닥까지 덕땅이라 물이 깨끗했다.

목욕이 끝나면 소고삐를 목에 감아주어 제 마음대로 가서 풀을 뜯어 먹게 하고 우리들은 빠른 걸음으로 복건대 딸기밭부터 먼저 뛰어가서 열매를 따먹고, 그 옆에서 시원한 샘물을 마신 다음 덕땅 넓은 곳에서 망게를 따먹고 구워도 먹고 마때와 씨름 등 온갖 놀이를 하며 놀고 있는데, 바로 곁에서 "꼭꼭꼭" 하며 암탉 소리가 났다. 웬 닭이 산에 왔을까? 싶어 둘러보았더니 꿩이 새끼들을 데리고 먹이 사냥을 하고 있었다. 우리들은 꿩병아리를 잡으려고 일제히 따라갔다. 어미 꿩은 다급해서 "꼭! 꼭! 꼭! 꼭!" 하며 급하게 새끼들을 부르면서 달아나니 지금까지 안 보이던 꿩병아리가 이곳저곳 낮은 소나무 밑에서 수두룩 뛰어나와 황황급급히 어미를 따라 도망치니 한 마리도 붙들지 못했다. 우리들은 모두 숨을 헐떡거리며 돌아오는데 한 자도 안 되는 작은 소나무 밑에 작년에 낙엽 진 떡갈나무 한 잎이 꿈적꿈적 움직여, 이상하다 싶어 발로 걷어보니 꿩병아리가 떡갈나무 잎을 발로 붙들고 거꾸로 드러누워 몸을 숨기고 있었다. 빠르게 붙들었는데, 우리보다 빠른 놈이 다른 놈들은 다 도망쳤는데 왜 이놈은 달아나지 않았을까? 꾀만 믿고 사는 놈이겠지 싶어 달걀보다 작은 놈을 손바닥 위에 놓고 보면서, "야, 요 꾀 많은 놈아! 나뭇잎을 쥐고 거꾸로 누워 숨는 법을 누구에게 배웠니?" 하며 감탄하며 보고 있으니, 언제 왔는지 어미 꿩이 아주 가까이 와서(10미터 정도), "꽉. 꽉. 꽉. 꽉" 하며 이리 뛰고 저리 뛰며 죽음도 무섭지 않은지 새끼를 놓아달라고 목숨을 걸고 데모를 하고 잡힌 병아리도 있는 힘을 다하여, "삐약삐약" 하고 소리 질러 애처로워 놓아줬더니 제 어미를 따라 쏜살처럼 달아났다.

날이 가물면 못물이 줄어들어 못에서 자라난 수많은 붕어 새끼들이 수면에 주둥이를 내밀어 숨을 몰아쉬면서 한 곳에 가득히 모여들고, 잉어는 번개처럼 빨리 동에 갔다 서에 갔다 하면 아이들은 잡으려고 쫓아 다니다가 흙탕물로 뒤덮여 누군지 알 수 없게 된다. 상우는 큰 잉어를 두 손으로 잡았으나 힘이 센 놈이라 놓쳤는데 도망치면서 지느러미로 그의 고추를 찔러서 피가 났다. 그런데도 끈질기게 쫓아다니더니 긴 막대기로 때려잡았다. 또 기다란 뱀장어도 잡았다. 잉어와 큰 붕어들을 모두 푸짐하게 잡았다.

하늘이 갑자기 어두워지며 검은 구름이 둥실둥실 떠오더니 먼 곳에서 소낙비 오는 소리가 '쏴' 하다가 바로 앞에까지 오니 떡갈나무 잎에 떨어져 따닥따닥 소리를 내다가 좌르르 하며 쏟아졌다. 우리들은 떡갈나무 잎으로 만든 삿갓을 덮어쓰고 앉았으니 10여 분 만에 끝나고 다시 햇빛이 쨍쨍 비취어 젖었던 옷을 말려주었다. 해가 서산으로 지면 소를 타고 산에서 내려오면서 '목장의 저녁'을 노래했다.

풀밭 넘어 저녁 해 잠자러 가고
어린 소가 맴맴 울어 댈 때면
풀피리 호숫가에 띄워두고요
어린 소를 잠재우려 나는 갑니다

노을이 우리의 등에 비치다가 마을에 오면 사라지고, 어두워서 우리 집에 오면 호롱불이 밝았다.

11
관동(冠洞) 못

소 풀을 하러 들녘을 헤매던 봄도, 소를 먹이러 산으로 가서 재미있게 놀던 여름과 가을도, 겨울이 오니 풀은 마르고 눈으로 덮어버렸다. 소리 없이 내리는 눈은 밤에 자고 아침에 일어나면 하룻밤 사이에 산도 들도 마을까지도 하얗게 덮여 은세계가 됐다.

눈이 많이 내릴 때는 동서남북을 분간할 수 없다.

천지가 눈뿐이니 길도 덮여 안 보인다. 눈이 많이 오는 해는 그 겨울이 다 지날 때까지 녹지 않아 우리 꼬맹이들은 집에서 성탄절과 설날을 보낸다.

눈이 안 오는 겨울에는 관동 못에 얼음이 얼어 아이들의 즐거운 놀이터가 된다. 관동 못은 우리 마을 바로 앞에 있으니 우리 마을 못(관동 못)이라고 불렀는데. 이웃 동리인 교동, 미남리, 필화리, 서정리, 하송리 등 못 근방 모든 마을 아이들이 와서 이른 아침부터 장날처럼 와

글와글하다. 나도 썰매를 타러 나서면 썰매를 쥘 때부터 벌써 마음이 설레며 못에 가까이 오면 가슴이 두근거린다. 썰매에 올라앉아 양손으로 송곳 막대기를 쥐고 얼음을 찍어 힘껏 뒤로 밀면 멀리까지 미끄러져 가는 그 짜릿한 쾌감에 푹 빠져 추운지도 배가 고픈지도 모르게 된다.

집에서 만든 나무 스케이트를 타는 아이들은 썰매보다 빠르지만 나는 탈 줄 몰라 썰매를 탔다. 나보다도 적은 녀석들은 팽이를 친다. 팽이는 한 번 치면 땅에서 4~5번 쳤을 때보다 더 오래 돈다.

중학생들이 돈 주고 산 스케이트를 타는 날은 아이들의 좋은 구경거리다. 그들은 공부하러 도시로 갔다가 겨울방학이 되면 시골 고향 집으로 와서 멋진 교복을 입고 긴 스케이트로 힘차게 한 발은 얼음을 차고 한 발은 타기를 번갈아가며 넓은 못을 비행기처럼 빠르게 돌아다니니 멋있고 부럽다. 우리가 활동사진처럼 재미있게 보고 있는데 그들은 한참 타다가 끝낸다. 우리는 끝이 없다. 손이 얼면 못가로 나와 낙엽을 태워 손을 녹이니 못가에는 두세 아이가 짝이 되어 불을 피우는데 그 연기 한 줄기 한 줄기가 바람이 불지 않은 날은 일직선으로 하늘로 나란히 올라간다.

어느 날 나는 열심히 썰매를 타다가 주위를 둘러보니 아무도 없고 나 혼자였다. 그때서야 부랴부랴 못 밖으로 나오니 못가는 얼음이 녹아 추운 물속을 걸어 나올 수밖에 없었다. 대보름 명절도 잊고 얼음 타기에 미쳐버린 것이다.

못 끝에는 바윗돌로 물을 막아 넘치면 흘러가도록 낮게 만들었는데, 그곳은 빨래터다. 날씨가 따뜻해지면 여인들의 빨랫방망이 소리가 요란하다.

또 올챙이, 개구리, 붕어, 미꾸라지, 잠자리 등 이름 모를 무수한 생물들이 살고 있다. 여름에는 개구리들이 해가 질 때를 기다렸다가 일제히 합창을 한다.

"개골개골 개골개골" 그 소리에 아기들은 편히 잠들어 순해진다. 아름다운 왕잠자리는 한여름에 이 못 위의 하늘을 다 차지하고 힘차게 날아다닌다. 그놈들이 아무리 아름답고 힘이 세다고 뽐내도 내게는 잡히고 만다. 암놈 한 마리만 잡으면 수놈 잡기는 식은 죽 먹기다. 끝이 가는 싸리나무 가지나 명아주 가지를 들고 암놈이 앉았을 때를 봐서 뒤로 몰래 살금살금 다가가 덮쳐잡는 데 쉽지는 않다. 잡으면 한쪽 발을 바느질 실로 묶고 다른 한쪽 끝은 쥐고 날리면서, "왜 다리. 왜 다리." 하고 외치면 난봉난 수놈들이 이놈 저놈 수없이 날아와 짝짓기를 한다. 그때 잽싸게 그놈들을 체포한다. 이렇게 하면 얼마 안 되어 반짝반짝 빛나는 왕잠자리가 두 손 가득히 잡힌다.

이놈들은 모두 풍기문란범으로 처벌하지만 동물이니까 용서하려 하는데 그놈들은 입을 벌리고 물려고 한다. 물리면 살이 뜯겨져서 피가 난다. 최후의 발악이다. 꼬마들은 곱다고 달라고 하지만 줄 수 없다. 모두 무죄 석방으로 날려보내려고 했는데, 종하가 와서 주었더니 지푸라기를 똥구멍에 쑤셔 넣어 날려보냈다. 그래도 잘 날아갔다.

여름 햇빛이 쨍쨍 쬐이다가 소낙비가 쏟아지면 마을 작은 도랑에도 도랑물이 소리를 내며 흐르고 그 물줄기를 따라 관동 못에 미꾸라지들이 총출동하여 마을 집집 마당까지 올라온다. 용감한 놈들이다. 동민들은 비를 맞으며 소쿠리로 후려잡아 추어탕을 끓여 먹는다. 이렇게 우리 마을 집집마다 추어탕을 해먹어도, 도랑물만 흐르면 언제든지 미꾸라지는 올라왔다.

12
"내가 잘못했다! 용서해라"

우리 집은 관동으로 이사 온 후 점점 살기 좋아졌다.

아침에는 보리밥이지만 밥을 먹을 수 있고 저녁에는 죽을 두 그릇씩 먹었다. 울 엄마의 음식솜씨가 좋았고 맛있게 먹는 나를 보며 기뻐하셨다. 그러나 이웃집 삼식이처럼 쌀밥 한 번 먹어보는 것이 소원이었다. 울 엄마는 생선이 많이 날 때 헐하게 사서 소금을 쳐서 두었다가, 귀할 때 이문을 남기고 파셨다. 그때는 면 소재지마다 닷새 동안 각각 다른 날에 하루씩 장이 열려서 울 엄마는 10~20리를 오가며 생선을 이고 이 장 저 장 다니셨다. 엄동설한 하늘에는 꽁꽁 언 조각달이 구름 한 점 없는 중천에 떠 있는 이른 새벽 첫닭도 울기 전에 울 엄마는 어느새 아침밥을 다 해두시고, "달아 솥 안에 밥 내어 먹어라."고 말씀하신 후 소금에 절인 생선을 가득 담은 방티를 머리 위에 이고 힘을 내는 "익크" 하면서 사립으로 걸어나가시는 발자국 소리가 점점 작게 들리다가 사라지고 조금 있으니 개 짖는 소리가 멀리서 들려오니, '지금 울 엄마가 마을 밖으로 나가시겠구나? 소금에 절인 생선을 잔뜩 이고 울 엄마의 정수리가 20리를 이고 가는 동안에 통통 부어올라 피가 나지 않을까?' 하는 걱정이 들었다. 하지만 너무 추워 문도 열지 못하고 따뜻한 구들목에 누워 있었다. 그래도 돌아오실 때는 훤히 웃으시며 "달아 배고팠지?" 하시며 고구마와 엿을 던져주시고 부엌으로 들어가서 저녁밥을 지으셨다. 비가 오나 눈이오나 춘하추동 한결같이 장에 가시고 어떤 날은 장바닥에 앉아 생선을 팔다가 하혈(下血)을 하시니 너무 많아 부끄러워 일어서지 못하다가 해가 져서 사람들이 없을 때 일어나서 핏덩어리를 치우셨다고 한다. 또 어떤 날은 장에서 돌아오다가 아기를 낳아 업고 걸어서 집으로 오시니 우리들은 웬 아기를 주어오는 줄 알았다.

울 엄마는 장사를 하시고 아버지는 농사를 하셔서 아침밥에 저녁 죽이라도 굶지는 않았고, 밥 달라고 오는 거지들에게 밥을 줄 수 있어 그들보다 잘살았다. 그렇게 열심히 일하다가도 주일이면 다 제쳐두고 우리 식구들은 모두 교회로 갔다.

그날도 예배당 종소리가 '천당 천당' 울려 퍼지는 주일날 아침이었다. 울 엄마는 머리를 빗고 새 옷으로 단장하고 아기를 업고 마을에서 한 사람뿐인 예수 믿는 친구인 오 조사 부인과 함께 가려고 그 집으로 들어가면서, "형님 예배드리러 갑시다." 하며 오 조사 부인을 보니 그녀는 그때서야 머리를 빗느라고 저고리 고름을 풀어 가슴이 드러내어 보였는데 가슴이 퍼렇게 멍이 들어 있어 깜짝 놀라며 "형님! 왜 가슴에 멍이 들었소?" 하고 저절로 말이 나왔는데, 오 조사 부인은 대답을 안 하고 한참 후에 나지막한 소리로 "아이들만 없었으면 요번에 죽고 싶었어요. 이곳(허 과부 집 옆)에 이사 오기 전에는 이런 일이 없었는데." 하고 말하고 있을 때 갑자기 옆문이 탕 하며 열리고, 허 과부가 나타나더니 느닷없이 울 엄마의 빰을 치며, "네가 뭔데 남의 말을 하고 돌아다니느냐?" 하고 고함을 쳤다. 울 엄마는 정신을 잃고 기가 막혀 말을 못 하고 허 과부를 쳐다보기만 한참 하는 동안에 사실이 대강 짐작되어 보통 일이 아닌 줄 알고, "네가 왜 나를 치느냐? 무슨 까닭인지 말부터 해야지 느닷없이 치는 법이 어디 있느냐? 아침부터 조사님 댁에서 여자들이 시끄럽게 하면 안 된다."고 타이르듯이 말하고 나오니 허 과부는 따라오면서 계속 변명을 하며 앞집까지 따라오니 그곳 할머니가 듣고, "말을 하지 않고 빰부터 친 것은 잘못이니 사과하라."고 해도 여전히 잘했다고 변명하니 참다못해 싸우고 말았다.

그 후 허 과부는 우리 집 앞을 지나갈 때마다(틀바느질 재료를 사기 위해 이틀에 한 번 이상 지나감) "애 더러워! 애 더러워!" 하며 침을 뱉고 나오지 않는 가래까지 힘을 서서 뱉으니, 울 엄마는 하루도 마음 편할 날이 없으셨다.

이와 같이 허 과부는 울 엄마가 자기의 소문을 퍼뜨리는 줄 알았으나, 울 엄마는 장사에 바빠서 전혀 몰랐으니 억울하고 분통이 터졌다.

다만 이 소문은 허 과부가 낙태약을 자주 사가니, 약을 팔던 의사가 한가하게 장기를 두는 양반들에게 한마디 한 것이 '예배당은 연애당'이라고 비밀하게 널리퍼졌다.

오 조사가 그의 부인을 치는 것과 허 과부에게 가는 것을 그의 머슴이 괘씸하게 여기고 어느 날 밤에 우리 집 사립에서, "성구 엄마요" 하고 부르는 소리가 들리더니 아버지가 울 엄마에게, "나가지 마라!"고 말했으나 울 엄마는 그를 따라가서 간음 현장을 덮쳤다. 불행하게도 오 조사가 곁에 누워 있었다.

그 자리에서 울 엄마는 허 과부를 올라타고 뺨을 치면서 "왜? 네가 느닷없이 나를 쳤느냐? 이제 갚는다!"고 말하고 곁에 누워 있는 오 조사에게는, "장로님 돌아가시지요!" 하고 그 집을 나오니 그 두 사람이 따라오며 온갖 말로 변명을 하고, 또 한편에는 마을의 의사가 이 집 저 집을 돌아다니며 "성구 엄마가 큰일을 했다."고 말하니 고요히 잠든 마을 사람들이 우리 집 마당에 가득히 몰려왔다. 그 두 사람은 방 안까지 들어와서 변명을 열심히 하니 우리 집이 재판소 같았다. 그리고 얼마 후에 노회 재판국원들이 교회에 와서 오 조사를 면직했다.

허 과부는 밤중에도 자기 언니를 데리고 와서 자고 있는 울 엄마를 때리며 조금도 뉘우치지 않더니, 어느 날 버스를 타려고 차 문 앞에 섰을 때, 뒤에서 오는 버스가 급하게 그 버스에 가깝게 지나갔는데, 그때 허 과부는 버스와 버스 사이에 끼여 몸이 비벼져 전신의 뼈가 모두 부러지는 참사(慘死)를 당했다.

장례식에 참석한 조객들이 상주(일랑 씨)에게 시신을 어떻게 염했느냐고 무르니 대답을 못 했다. 뼈가 다 부러져 만질 수가 없어 비닐 봉투에 담아 장례를 치렀다. 사람들이 애처롭게 여기면서 이구동성으로 "죄짓고는 못 산다!"고 말했다.

더러는 천벌이라고 하지만 울 엄마는 아무도 없는 골방에서, "일랑 네야! 일랑(허 과부의 아들 이름) 네야! 내가 잘못했다 용서해라!" 하며 3년 동안 우시며 하나님은 무서운 분으로 아셨다.

그의 외동아들 일랑 씨에게, "이 사람아 내가 죽일 년이다! 나를 용서해라."고 말하니, 그는 "아니요. 우리 어머니가 잘못했어요."라고 말했다

울 엄마는 그 말이 고마워 자식처럼 사랑하며 그가 좋아하는 대로 논을 헐값으로 팔아주면서 사죄의 표시를 하셨다.

13

대부놀이

우리 마을에는 '장터걸'이라는 넓은 곳이 있다.

옛날에는 장터였는데 면 소재지에 장이 서게 되고부터 우리 마을의 어린이 놀이터가 됐다. 여름날 저녁을 먹고 나면 더운 집안에서 부채질만 하던 어른들은 이곳으로 나와 바람을 쐬고 아이들은 숨바꼭질, 술래잡기 등 온갖 놀이를 한다. 달이 밝은 추석날 밤에는 처녀들이 고운 치마저고리를 입고 '강강술래'를 하며 정월 대보름 줄다리기도 이곳을 중심으로 긴 줄이 동서로 뻗쳐졌다. '요코후에'(대로 만든 피리)의 명수였던 박명수 선생이(야학교 선생) 이곳에서 불면 동민들은 집에서 같이 부르며 즐거워했다. 나도 하모니카를 불었다.

우리 또래들은 저녁만 먹고 나면 이곳에 나와 논다. 상우가 하자는 대로 하면 재미있다. 상우가 가장 힘이 세다. 싸워서 이길 자가 없었다. 가장 재미있는 놀이는 대부놀이다. 아이들을 두 패로 힘이 고르게 나누고, 각 패마다 가장 힘센 자가 대장이 되고 그다음은 '부', 그다음은 '하', 나머지는 모두 '졸'이 된다.

두 대장이 가위바위보를 하여 이기는 대장패는 순사(경찰)가 되고, 진 대장패는 도둑이 된다. 같은 계급이면 경찰이 도둑을 잡을 수 있으나 도둑이라도 경찰보다 계급이 높거나 많은 자가 손을 잡고 대항하면 이긴다.

시작하기 전에 도둑들은 경찰이 선 곳에서부터 멀리 가서 숨으면 놀이가 시작된다.

가을 달은 대낮같이 밝아 바늘이 땅에 떨어져도 보이는 밝은 골목길을 쫓기고 쫓아가며 서로 이기려고 밤이 새는 줄 몰랐다. 상우 패가 도적이 되던 날 우리 패는 경찰이 되어 얕보는 그들을 여지없이 다 잡았으나 상우는 눈앞에서 놓쳤으니 발이 빠른 놈이라 아무리 찾아도 없었다.

집집마다 몰래 들어가서 뒤안칸, 뚝 다리 밑, 직한(화장실) 등 모든 곳을 샅샅이 찾아도 없어 기진맥진하여 장터걸 돌 의자에 앉아 우리가 항복하고 집에 가서 자자고 대장 삼식이와 의논하는 중인데, 별안간 고요히 잠든 마을에 싸우는 소리가 나서 가만히 듣고 있으니 향숙이 엄마의 성난 고함 소리였다.

"야, 이 잡놈아 빨리 나가라."는 소리가 나고 한참 있으니 상우가 쩔룩쩔룩 절며 나타났다. 그는 향숙이 방에 들어가 숨다가 향숙이 어머니에게 방망이로 두들겨 맞았던 것이다.

우리들은 우스웠으나 상우가 무서워 웃지 못하고 참으면서, "어디가 아프냐?"며 위로하다가 모두 한꺼번에 웃음이 터져버렸다. 상우가 홧김에 욕할 줄 알았는데 부끄러운지 아무 말도 안 하고 슬그머니 집으로 가니 우리도 집으로 오면서 이제는 대부놀이도 다 틀렸다고 말했다. 그랬는데 다음날도 상우는 조금도 아픈 기색이 없이 누구보다 일찍 나와 있었다. 그날은 우리 패가 도적이 됐는데 사납게 따라오는 상우패(경찰)에게 다 잡히고 대장 삼식이와 부대장인 나, 두 사람만 숨 가쁘게 도망치다가 더 견디지 못해, 삼식이가 "우리도 상우처럼 깊이 숨자! 저기 소먹이 콩깍지 두지 속에 들어가서 자자!"고 말해서 바로 상우네 두지 안에 들어가서 숨었는데, 아무리 있어도 찾아오지 않아 각기 집으로 와버렸다.

밤은 깊어 마을은 모두 잠들어 고요한데 어디선가 부엉이 우는 소리가 들려와 몸이 오싹했다.

이불 속으로 들어가면서 아직도 우리를 찾아 헤매고 있을 상우 꼴을 생각하고 빙그레 웃으며 잠이 들었다.

14
개 뿔이 두 개요!

관동으로 이사 온 지 두 해가 되니 송라초등학교에서 입학시험을 치러 오라는 통지서가 왔다. 울 엄마를 따라 10리를 걸어 난생처음 학교에 가니 넓은 마당이 가장 좋았다. 그 가운데 아이들의 책상과 의자에 선생님이 앉아서 한 사람씩 불러 질문했다. 내 차례가 되어 선생님이 "너 이름이 뭐냐?"고 물었다. 나는 "달이시더(달입니다)."라고 대답하고 보니 틀린 것 같아 또다시, "최성달이요." 하고 대답했다.

두 번째는 "개 발이 몇 개냐?", 세 번째는 "소뿔이 몇 개냐?" 등 모두 시시해서 선생님이 묻는 말이 끝나자마자 대답하고 합격이야 되든지 말든지 그저 그 평평하고 넓은 운동장이 좋아 달리는 상우를 따라 달렸다. 얼마나 좋은지 힘을 다해서 뛰어다니다 보니 어머니들이 모두 집으로 가고 있어 울 엄마를 찾아 집으로 오는데 올 때와는 다르게, 말하는 어머니가 없었다. 모두 묵묵히 고개를 숙여 길만 보고 걸어가는데 울 엄마는 올 때보다 더 기쁘게 말씀을 하시다가 갑자기 길 한가운데에 주저앉더니 나를 보고, "달아 업자!"고 말씀하셨다. 다 큰 나를 왜 업으시려는가 하고 쑥스러워 멀거니 서 있으니, 또 "업자!"고 고함을 치니 나는 마지못해 업혔는데 울 엄마는 나를 업고 일어나서 덩실덩실 춤을 추듯 우쭐대시며, "우리 달이는 붙었다(합격했다)! 우리 달이는 붙었다!"며 기뻐하셨다. 그때 우리 마을 아이들 다섯 명이 시험을 쳤으나 모두 떨어지고 나만 합격했으니 울 엄마는 기뻤던 것이다. 상우는 작년에도 떨어지고 또 떨어져 그 어머니는 울상인데도, 길옆의 산에 보이는 진달래는 모조리 꺾어 꽃 뭉치를 만드느라고 이 산 저 산 오르며 분주했다.

그날 저녁 우리 식구는 여전히 죽을 두 그릇씩 차린 저녁상을 각각 앞에 펼쳐놓고 먹고 있는데, 종하가 "달아 놀라 가자!" 하면서 숨을 헐떡거리며 방으로 들어왔다. 밥상이 세 개나 펼쳐져서 앉을 자리가 없어 키 큰 녀석이 실강(시렁) 밑으로 들어가니 실강이 낮아서 고개를 구부리고 눈은 나를 보고 있었다. 울 엄마는 종하의 꼴이 우습고 미안했는지 "종하야 우리 죽 좀 먹어볼래?" 하니 종하는 "죽은 안 먹니더(안 먹습니다)." 하고 퉁명스럽게 대답했다.

또 울 엄마는 사랑스럽게, "종하야 너는 오늘 선생님이 뭐라고 묻더냐?"고 하니 우물쭈물하더니 급하게 "선생이요, 선생님이요, 개 뿔이 몇 개냐고 카데요(말해요)."고 말하자, 울 엄마는 "우무 약고(여자들이 놀랄 때 자연히 나오는 말)" 하자 옆에 있던 형은 "푸허" 하는 입소리를 내며 웃음을 참았다.

또 울 엄마는, "그래, 그래서 종하는 몇 개라고 말했노?" 하고 물으니 종하는 울 엄마를 보면서 힘차게, "두 개요." 하고 대답하자 우리들은 모두 웃어댔고, 종하도 기분이 좋은 듯이 우리들을 보고 싱긋이 웃었다.

울 엄마는 웃다가 눈물까지 나며 또, "종하야 너의 할아버지 뿔은 몇 개냐?"고 물으니, 이때까지 실강 밑에서 쪼글시고(쪼그려) 있다가 머리를 실강 밖으로 내면서 양손을 머리 위에 댄 다음 힘차게 추켜올리며, 종하는 "우리 할배(할아버지) 뿔은 조백개요!" 하고 고함을 쳤다.

형은 숟가락을 놓고 배를 쥐고 뒹굴며 웃고 울 엄마는 넘어져 벽에 부딪치며 웃으셨다. 이때까지 보고만 계시던 아버지는 "그래 종하가 장하구나." 하시며 그를 보며 빙그레 웃으셨다.

15

송라, 청하공립심상소학교(松羅, 淸河公立尋常小學校)

울 엄마는 내가 10리 길이나 되는, 학교로 다니기 힘들 줄 알고 우리 동리의 6학년 학생인 이복조에게 가서 "우리 달이 데리고 다녀 달라." 고 부탁하셨다. 기다렸던 학교 가는 날이 성큼 다가와 복조가 우리 집 앞에 와서 "달아 학교 가자!"고 불러 그를 뒤따라갔다.

복조는 6학년 중에도 키가 가장 컸다. 키가 나보다 두 배나 크고 발걸음도 길어 함께 걸으면 나는 뒤처져서 뛰어가기도 하며 열심히 걸어야 했다. 학교 마당에 오니 선생님이 한 사람씩 붙잡고 줄을 세워서 일본 국기를 하나씩 주며 학교 뒷마을로 가서 일본말로, "다이 닛뽕 대이고꾸 반자이(대일본제국 만세)" 하며 일본 국기를 번쩍 들면서 목이 터지도록 외치며, 우리도 따라 하라고 하니 아이들은 무슨 뜻인 줄도 모르고 했으나 말이 안 되어 모두 히쭉히쭉 웃었다. 어떤 녀석은 자기 줄을 잊어버리고 남에 줄에 끼어들다가 뒤에 아이에게 쥐어박혀 훌쩍훌쩍 울고, 줄을 잊을까 봐 앞에 아이를 붙드니 붙들린 자는 싫어서 싸우는 놈과 킥킥 웃는 자도 있었다.

학교에 가면 날마다 공부하기 전에 모두 교정에 모여 일본의 제일 큰 신인 천조대신(天照大神)의 집을 조그맣게 만들어 놓은 그곳에 최경례(가장 크게 수그리는 절)를 하고, 또 동쪽을 향하여 일본 임금에게 최경례를 한 다음에 가지고 다니던 '황국신민의 명세서'를 두 손으로 받들고 큰소리로 봉독했다.

일. 우리는 대일본제국의 신민이다.

이. 우리는 고난으로 단련하여 임금에게 충성을 바친다.

삼. 우리는……

전교생 6백여 명이 한목소리로 외치는 소리가 앞의 어라산에 메아리쳤다. 이 명세서를 항상 가지고 다녀야 한다고 선생님이 말했으나, 어느 날 잊어버리고 가지고 가지 못했더니 벌을 섰는데 해가 질 무렵에 집으로 오게 됐다. 나 혼자 돌아오는데 참샘에 오니 해는 서산으로 들어가려 하고 찬바람은 불어오는데 길옆 논둑 밑에는 문둥이들이 불을 피우고 있다가 나를 보고 달려왔다. 세수를 안 한 검은 얼굴에 눈만 하얗게 반짝이며 깎지 않은 머리털은 꾸겨져서 길게 늘어지고, 옷에 때가 묻어 시커멓고 찢어져 너덜거렸는데, 그들이 커다란 대바구니를 메고 집게를 휘두르며, "야, 거기 섰거라!" 하고 고함치며 귀신처럼 달려오니, 자주 듣던 이야기에 문둥이가 아이를 잡아 간을 빼 먹는다는 말이 생각나서 무섭고 떨렸다. 도와줄 사람이 없을까 싶어서 뒤를 보고, 앞을 봐도 그 큰길에는 아무도 없고 먼 산에는 해가 불그스름한 노을을 남기고 산속으로 숨어들고 있었다. 나는 죽을힘을 다해 뛰었다. 참샘을 지나 꼬부랑길에 들어서면서 뒤돌아보니 한 놈만 따라오고 있어서 나는 자신만만하게 뛰었다. 집에 오니 울 엄마가 바람에 콩을 지우고 있어 반가워서, "엄마, 나 오늘 문둥이에게 잡힐 뻔했다."고 말하니 엄마는 나를 보지도 않고 콩만 지우고 있어 얄미웠다.

이웃마을 상송리, 중송리, 하송리 아이들은 1학년만도 5~6명이나 되는데 관동에는 1학년이 나 혼자뿐이니 문둥이뿐만 아니라 그들도 나를 얕보고 높은 소나무에 올라가서 까치집에서 알을 꺼내어 던지며 학교에서 하던 대로, "대끼야추다(적이다)!" 하며 놀려댔다. 그들의 대장은 오수봉이다. 그가 시키는 대로 했다. 그러나 교실에서는 수봉과 나는 한 책상에서 공부했다. 선생님이 "오수봉! 일어나서 책을 읽어라!"고 명령하면 힘없이 부스스 일어나서 하나도 읽지 못하니, 선생님이 긴 매로 사정없이 그의 머리를 때렸다. 나 같으면 아파서 울고, 부끄러워서도 울겠는데 수봉은 맞았던 머리를 손으로 한 번 슬쩍 쓰다듬고는 히죽이 웃고 만다.

선생님이 앉아서 책 읽기 연습을 하라고 하면 모든 아이들의 책 읽는 소리에 교실이 웅성웅성하는데, 수봉은 읽지 못하니 어떻게 하나 싶었는데, 그도 다른 아이들처럼 소리 내어 잘 읽으니 저렇게 잘 읽으면서, 왜 혼자서는 못 읽을까 하고 이상해서 가만히 수봉이가 읽는 소리에 귀를 기울였더니 그것은 책에 나온 말이 아니라, 알 수도 없는 말을 지껄이고 있었다.

"항그라 북 가이도 폭폭가이도. 항그라 북가이도, 폭폭가이도"라고 계속 지껄이며 선생님이 자기 앞으로 올까 봐 이리저리 다니는 곳을 보느라고 책을 책상 위에 양손으로 펼쳐 쥐고 눈알만 책 위에 드러내어 검은 얼굴에 흰 눈 창 안의 눈동자를 선생님이 가는 데로 빙글빙글 돌려가며 보느라고 모든 정성을 다하고 있었다.

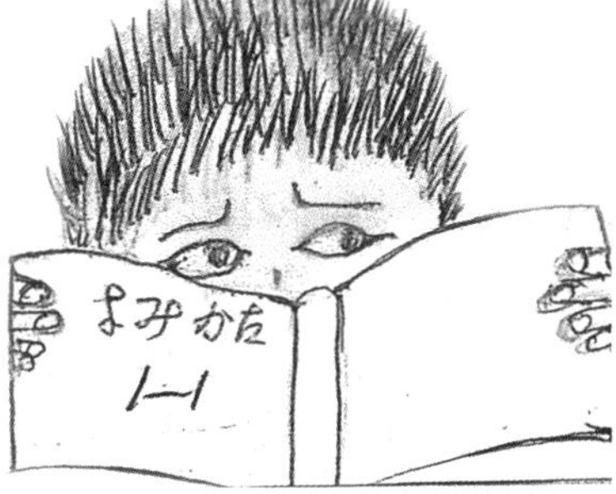

그러다가 쉬라는 종이 땡땡 울리면 누구보다 먼저 후다닥 운동장으로 뛰어나가 모든 아이들의 손을 잡고 운동장을 휩쓸었다. 학교에서 오수봉을 모르는 아이가 없었다.

새벽부터 아버지가 벼 타작을 하시던 날, 나도 거들다가 보니 어느덧 해가 높이 솟아올라 있어 학교에 지각할 것 같았다. 아침밥도 먹지 않고 빨리 책보를 허리에 매고 마당에서부터 뛰었다. 마을 골목길에 나가니 아이들은 다 가고 한 사람도 보이지 않았다. 하송리 숲에 가니 멍청한 녀석 둘이 오순도순 이야기하며 가고 있고, 참샘에 가니 몇몇 아이들이 부지런히 가는데 거기서 배가 찢어질 듯이 아프고 숨이 차서 그 아이들과 같이 걸어가고 싶었으나 참고 계속 뛰어 학교가 보이는 송라 내리막길에 가니 많은 아이들이 가고 있었다. 그때부터 아프던 배도 가슴도 시원해지고 힘이 났다. 교문에 들어서니 아무도 없고 내가 제일 먼저 왔다. 햇빛이 머리 위에 쨍쨍 비치며 땀이 나서 모자를 벗으니 머리에서 오르는 땀의 김살이 무럭무럭 하늘로 오르는 그림자가 땅에 비쳤다.

찬바람이 불기 시작하는 초겨울, 울 엄마는 몇 날 밤을 지새워 아버지의 4호 사지 귀한 천으로 만든 두루마기를 뜯어 내 두루마기를 만들어주셨다.

나는 자랑스럽게 입고 학교에 가는데 참샘의 오르막 꼬부랑길을 갈 때에 버스가 우리 앞에서 천천히 가니 4학년 허광수가 차 뒤에 매달리며, "달아! 달아! 빨리 타라!"고 서두르는 말에 나도 매달렸다. 생전 처음으로 도둑놈처럼 몰래 차를 탔으니 가슴이 쿵당쿵당 뛰고 위를 쳐다보니 하늘이 빙빙 돌고 무서워 괜히 탔다고 후회하며 뛰어내리고 싶으나 차가 급속히 달려가니 죽을 것만 같아 내리지 못하다가 학교 근처 정거장이 가까워올 때 선생님에게 발각되면 또 벌 받을까 싶어 그곳에서 뛰어내리니 이마가 땅에 부딪혀 피가 나는데 닦아도 멈추지 않았다. 울 엄마가 정성 들여 만든 두루마기 소매가 피투성이가 되도록 닦으며 울며 가니, 광천 장터에서 국밥장사를 하던 먼 친척 누님이 된장을 발라주어 몹시 따갑지만 피는 나지 않았다.

7~8월 장마철이 되면 10리 길을 우장(짚으로 만든 우비)을 몸에 두르고 삿갓을 덮어쓰고 짚으로 만든 조리(슬리퍼)를 신고 학교까지 30~40분 동안을 걸어가면, 땅바닥의 흙이 바짓가랑이로 튀어 올라붙어 흙투성이가 되고 젖은 저고리는 하루 종일 축축했다.

장마가 되면 참샘 하천 물이 많아져서 건너가기 어려웠다. 갈 때는 건너가기 어려우면 집으로 돌아오지만 학교에 간 후에 물이 많아지면 건너오다가 물에 떠내러 갈 때도 있으니 아버지가 마중 와서 업혀 건넜다. 아버지는 이런 사정을 보시고 가까운 청하학교에 5원을 기부하여 전학시켜주셨다. 그때가 3학년 2학기 때였다. 송라학교에서 전학서류를 받아 쥐고 청하학교로 10리 길을 나 혼자 걸어오면서 3년 동안 겪은 어려웠던 일들이 걸어오는 그 길 곳곳에서 회상됐다.

문둥이들에게 쫓기던 일, 오수봉 패들에게 까치 알로 뒷등을 맞아 울 엄마가 빨면서 야단치던 일, 참샘 못 미쳐 산으로 둘러싸인 아무도 없는 곳에서 미친놈이 지랄하던 일, 새벽부터 타작하던 날 지각할까 봐 쉬지 않고 10리를 달렸던 일 등등, 이제는 끝났다고 생각하니 한량없이 기뻤다.

청아학교 교문에 들어서니 가슴이 두근거렸다. 집에서 걸으면 15분 거리며 비가 와도 물 걱정은 없고, 같이 다니는 아이들도 다 밝았다. 3학년 교실로 들어가니 담임 오다니 선생은 일본처녀로 깔끔하게 생긴데다 알록달록한 예쁜 옷을 입었다. 선생님은 나를 의자까지 와서 앉게 했다.

4학년 담임 오주카 선생은 24살, 미남 총각이었다.

어느 날 일본말로 말하기 시간에 아이들이 말하게 하지 않고 자기 혼자 그 한 시간을 말했다. 그는 지나(중공)에 쳐들어가서 오장(伍長)으로 승급한 군인으로, 포로의 목을 자르는 임무를 맡아 많은 포로들을 잡아 창고에 가두어두고 하루 종일 목을 자르는데 한 사람씩 차례로 자기 앞에 나오면 두 손을 싹싹 비비면서 눈물을 흘리며 살려 달라고 애원하지만, 자기는 살려줄 권한은 없고 죽이는 권한뿐이니 기다란 일본도로 단번에 목을 치면 잘려진 머리가 땅에 떨어져서 한참 동안 뛰고, 잘려진 목에서는 피와 똥이 총알처럼 솟아오르며 몸뚱이는 서서 껑충껑충 뛰어 이리저리 다니니 보기 흉하여, 바로 옆의 양쯔 강에 발로 차 넣으면 피가 쏟아져서 강물이 붉게 물들고 무수한 고기떼가 모여든다고 자랑삼아 말하니, 잘생긴 그의 얼굴을 보면 그런 잔인한 짓을 한 사람 같지 않았다. 우리들은 무서워서 숨소리도 안 내며 들었는데, 참혹하다든가 무섭다는 말을 하는 아이가 한 사람도 없었다.

5학년 때 담임 아라키 선생은 그보다 더 높은 군소이었지만 군대 이야기는 조금도 안 했다. 그의 아내는 날마다 점심밥을 따듯이 해왔다. 6학년 선배들의 졸업송사 작문은 내 것이 당선되어 선생님이 우리 반 아이들에게 읽어주면서 잘 지었다고 감탄하셨다.

6학년 때 담임은 박영우 선생님으로 정규 사범교육 과정을 거친 한국인이었다. 졸업 날이 가까운 어느 날 김 선생이(사범학교 출신) 우리 교실에 와서 한 시간 동안, "우리나라는 독립해야 한다."고 열렬하게 말씀하셨다. 이런 말을 하면 징역살이를 하거나 죽이기까지 할 텐데 우리 반 72명은 한 사람도 이 말을 옮기지 않았고, 김 선생님은 무사하셨다.

졸업 날이 가까웠을 때 박 선생님이 내 책상에 앉으시더니, "너는 중학교에 갈 수 없겠지?" 하고 가여운 눈으로 나를 바라보았으나 나는 대답할 말이 없었다. 그때는 중학교가 많지 않아 가난한 자는 말도 할 수 없었다.

졸업식 때 졸업노래를 부르니 여자아이들은 소리 내어 울고 모두 고개를 숙이고 있다가 식이 끝나자 입을 다문 채 교문을 나왔다.

16
해가 눈물을 머금고

아침이면 학교 가기가 바빴는데 졸업하고 나니 할 일이 없고 외로웠다. 울 엄마는 장에 가시느라 바쁘고 힘드시니 설거지는 내가 해야 되고, 저녁에도 늦게 오시는 울 엄마를 기다리고만 있을 수 없어 내가 집안일을 하게 됐다. 잘생긴 내 동생이 죽고 남아 있던 여동생들은 어리고 형은 아버지를 도와 농사일을 하니 나는 소 먹이는 일과 밥하는 일까지 맡아야 했다. 부잣집 아이들은 중학교에 가는데 나는 가난하여 못 간다고 생각하니 눈물이 왈칵 쏟아져 내 방에 들어가서 훌쩍훌쩍 울다가도 새벽부터 무거운 생선을 이고 먼 장으로 가신 울 엄마를 생각하니 울어지지 않고, '나도 독학하면 위대한 사람이 될 수 있다!', '소년아 대망을 품어라!'라는 포스터를 그려 책상 앞에 붙였다. 그리고 정철환과 같이 《대일본강의록》으로 학습 진행표를 작성하여 그 날 학습할 공부는 시험점수가 백 점이 안 되면 밤을 새워 가며 공부했다.

또 밥도 하고 소죽을 끓여주고 오후에는 소 먹이러 산으로 몰고 가고 주일은 교회 유년주일학교에 가고 '하루에 한 가지씩 선한 일 하기표'를 그려, 길 가다가 걸그치는(걸리는) 돌이라도 치우며 날마다 한가한 날이 없었다.

그렇게 애를 써서 중학 과정을 9개월에 끝내고 시험을 쳐서 수료장을 받았다.

그리고 책 읽기에 재미가 들어 닥치는 대로 읽고 책을 모으기 시작했다. 길을 가다가도 떨어진 신문 조각도 주워 모르는 한자는 사전으로 알려고 하니, 어느덧 내 방에는 강의록과 소설, 잡지, 기독교 서적 등으로 조그만 한 책장이 이루어져, 책이 많다는 소문이 나서 교인들이 빌려 갔다. 또 그림을 두루마리로 그려 통 속에 넣어 돌리면서 마을 친구들에게 이야기를 해주니 초등학교도 가지 못한 아이들이(종하, 시무이, 붓트리들) 또 해달라고 하여 그림 그리기도 바빴다.

그 해(1943년) 가을, 마당에 콩을 늘어놓고 온 식구가 타작하고 있을 때, 금융조합(지금의 농협)에서 나에게 급사로 취직하라는 통지가 왔다. 비록 심부름이나 하는 직책이지만 돈을 취급하는 곳이라 아무나 취직할 수 없는 곳에서 나 같은 자를 믿고 취직하라고 하니 기뻐서 곧 취직한다고 대답했다.

그다음 날 외숙부가 오셔서 "일본 도쿄에 자기 친구가 공장 직공을 구하니 가겠느냐?"고 물으셨다. 그때 13살인 나는 취직은 생각도 해본 적이 없었는데, 두 곳에나 오라고 하니 어디로 갈까 하고 망설여졌다. 그때는 서울도 가기 힘들었는데 도쿄는 더 큰 도시이고 고학도 할 수 있다고 하니 금융조합은 그만두고 도쿄로 간다고 대답했다.

1943년 12월 5일 집을 나섰다. 그날도 울 엄마는 생선을 이고 새벽 일찍이 장에 가시면서, "가서 배고프거든 돌아오너라."고 한마디 하시고 한참 동안 나를 넌지시 보시더니 나가셨다. 나는 아버지와 여동생들에게는 이웃집에 가듯이 간단히 인사하고 나의 소지품이 든 트렁크를 메고 앞서 가는 형을 뒤따랐다. 포항까지 40리를 걷기 시작했다. 12월의 큰길에는 오가는 사람은 없고 자갈로 덮인 길바닥을 바람이 세차게 불 때마다, 휘파람 소리와 먼지가 날렸다. 길만 보고 묵묵히 앞서 가는 형을 따라가다가 어느덧 해가 서산에 기울었는데 '날마다 데리고 놀던 여동생들은(성애와 성자) 지금 뭘 하고 있을까?', '엄마는 지금쯤 장에서 돌아왔을까?' 등등 집 생각이 나서 곡강터널 앞에 와서 들어가면 보이지 않을 고향 산천을 한 번 더 보고 싶어 뒤돌아보니, 벌써 산이 가로막혔고 해는 서산으로 들어가면서 눈물을 머금은 눈처럼 알랑알랑 보였다(실은 내 눈에 눈물이 고여).

지나온 먼 초가집 굴뚝에서 내 품는 연기가 차갑게 불어오는 바람에 굴뚝 끝에서부터 90도로 꺾여 한 줄로 멀리 뻗어 가는 광경이 쓸쓸했다.

다시 돌아서서 형을 쫓아 어두컴컴한 터널 속을 꾸준히 걸어 포항 해동식당에서 공장주인 허씨를 만나니, 형은 "잘 가." 한마디를 하고 고개를 푹 숙인 채 뒤돌아보지 않고 가버리니 한 번 더 형을 보고 싶었다.

그곳에서 나와 함께할 박성도를 만나 우리 일행 세 사람은 포항역에서 기차를 탔다.

난생처음 보는 기차였다. 삐삐 소리를 내며 쇠로 된 여러 차들이 연결되어 기관차에 끌려가는데, 국딱 국딱 소리가 요란했다.

대구에서는 더 큰 기차를 탔다. 붕붕 하는 점잖은 기적소리에 잡음이 없고 멋진 의자에 요동하지 않았고 속도도 빨랐다.

부산 부두에서는 산 같은 배(연락선)를 탔다.

궁~ 하며 뱃고동이 울리더니 배가 움직이기 시작해서 얼마 안 되어 배보다 열 배나 큰 산 같은 파도가 수없이 다가오는 바다 한가운데에 와 있었다. 배는 요동하기 시작하고 부산항도 산도 보이지 않고 큰 갈매기 같은 새들이 파도 위를 날아다니며 몇 마리는 바다에 앉아 태연스러웠다. 선실에 들어가니 비좁아 누울 수 없었으나 어떻게 하여 뱃바닥에 등을 대니 배가 요동하는 것을 잘 알 수 있었다. 갑자기 비상사이렌이 울리며 공습경보가 나서 모든 선객들이 갑판에 올라가니, 배는 거센 파도를 헤치고 급속도로 달리는데 선장이 말하기를 실제로 공습이 와도 당황하지 말고 구명 도(구명 장비)를 입고 질서를 지키라며 연습이었다고 말했다. 선실로 돌아와서 비좁은 자리를 뒤집고 누웠으니 어느덧 잠이 들었다. 잠결에, "여기는 시모노세키. 여기는 시모노세키." 하는 안내방송이 들려왔다. 그러자 선객들은, "와" 하며 일제히 일어나 보따리를 들고 긴 계단을 내려 하선했다.

성도와 내가 도쿄행 기차표를 사려고 매표소 앞에 줄을 서 있는데, 1등실에 탔던 공장주인 허씨가 오더니, "이 새끼들! 줄을 똑똑히 서 있어!" 하고 벼락같이 고함쳤다. 우리는 놀래기보다 이상스러웠다. '왜, 갑자기 욕을 하며 성을 낼까?'

차표를 사서 타려고 높은 계단을 올라가는데, 웬 호호백발 할머니가 흰 치마저고리에 큰 보따리를 매고 그 위에 조롱박을 조롱조롱 달고 긴 지팡이를 쥐고 얼굴이 땅에 닿을 듯이 꼬부려 그 높은 철 계단을 오르다가 풀 쑥 주저앉으며 길게 숨을 내쉰 다음, "이리 가면 동경 가유~?" 하고 카랑카랑한 목소리로 물었으나 대답해주는 자가 그 많은 사람 중에 한 사람도 없었다. 모두 계단을 오르느라 힘들고 바빠 보였다. 마지못해 내가 "예." 하고 대답했더니 옆에 같이 가던 박성도가, "말하지 마라. 또 야단맞을라. 조금 전에 이 새끼들이라고 야단쳤잖느냐! 이제는 일본 땅에 왔다고 계속 야단칠 것이다." 하며 나에게 주의시켰다. 우리들은 기차를 탄 후 그 노인이 탔는가 하고 살폈으나 보이지 않고 기차는 밤 11시 30분 정각에 출발했다.

차창으로 일본의 잘 정비된 도시들이 영화속의 스크린처럼 나타났다가 뒤로 지나갔다. 기차는 힘을 다하여 부지런히 달려갔다.

오사카는 교과서에서 배웠듯이 연기의 도시였다. 공장들의 굴뚝이 숲을 이루었고 그 수많은 굴뚝에서 올라오는 연기들은 하늘로 오르다가 먼저 올라온 연기가 조금도 높고 낮은 곳이 없는 얼음 면같이 평면으로 두껍게 펴져 있으니 더 오르지 못하고 옆으로 퍼져 나가 쌓이고 또 쌓여 햇빛을 막아버렸다. 오사카는 어두컴컴한 꿈나라 같았다. 도대체 저런 곳에서 사람들이 어떻게 숨을 쉴까 걱정스러웠다. 차는 오사카에서 잠깐 쉬고 또 달렸다. 오사카를 지나니 먼 곳의 경치까지 잘 보이는 맑은 날씨였다.

나고야를 지날 때는 아침의 청명한 햇빛을 받아 나고야 성(城)이 반짝거렸다. 식당차에서 물을 마시고 식탁 위에 놓아도 컵이 쓰러지지 않았다.

시모노세키를 출발한 밤 11시 30분에서 그다음 날(1943년 12월 9일) 밤

11시 30분 정각에 도쿄역에 도착했으니, 24시간에서 1분의 오차도 없이 도착했다.

기차에서 내리려고 일어서니 땅이 빙빙 돌았다. 승객들이 모두 내리는데 허씨의 자식들이 차에 오르면서, "오돗 짱 오카에리나사이(아버지 잘 다녀오셨어요)."하며 인사하니 한국사람 같지 않았다. 역 안에 24개의 철길과 역 앞에 튼튼한 니혼바시(高架道路)가 잘 만들어져 감탄했다. 도쿄역에서 시내 전차를 타고 '미노와'에 내려 한참을 걸어가니 허씨 집은 골목길 옆에 미닫이 유리문을 열고 들어간 곳에 조그마한 공장이 있고, 그 옆은 직공들의 방이 있고 위층은 주인이 살고 있었다. 직공 네 사람 중에 나이 많고 깡마른 사람이, "자, 우리 인사하자. 나는 반장 하야시(林)고, 여기는 부반장 미나미(南)고" 하면서 서로 인사한 후, "자자. 이불 펴라."고 말하니 후수마(이불 넣는 곳)를 열고 약 12센티미터의 두꺼운 이불을 개 끌듯이 당겨내어 한 장은 깔고, 또 한 장은 덮고, 6명이 서로 몸이 닿게 누우니 때가 끼었는지 미끄럽고 거무스레하며 냄새도 났으나 너무 고단하여 곧 잠들었다.

그 이튿날 아직 이른 새벽, 모두 자고 있는데 반장이 모터에 전기를 넣으니 소리가 요란하게 나며 일하라고 고함쳤다.

이 공장은 주사기 공장으로, 주사기에 바깥 파이프는 내면을 안쪽 파이프는 외면을 갈아서 마찰되지 않도록 작업하는 곳이었다. 반장이 나에게는 바깥쪽 파이프에 내면을 갈라고 말했다. 직경 1.5센티미터가량의 쇠막대기가 빠르게 회전하는 곳에 물에 탄 금강모래를 바른 다음 유리 파이프를 그 쇠막대기에 끼워 파이프 내면을 갈려고 하니, 끼우는 것마다 모두 깨지고 손바닥은 깨어진 파이프의 유리 조각에 긁겨 피가 났다. 따갑고 아파도 약을 바르거나 쉬게 하지 않고 일을 시키고, 금강모래에 약이 섞여 있으니 낫는다며 아파도 일을 해야 한다고 말했다.

이틀을 일하니 손바닥은 상처투성이가 되어 울면서 자고 새벽이면 또 일을 해야 하니 밤잠을 자는 동안 말라서 벌어졌던 상처에 금강사 모래 물에 손을 담그면 한참 동안 따가워 쩔쩔맸다.

깨어지지 않게 하려고 온갖 정성을 다하여 좋은 제품을 만들게 됐는데, 웬일인지 밥은 식당에 가서 사 먹으라고 했다. 당시 식당에서는 식권이 없는 자에게는 밥을 팔지 않았다. (세계 2차 대전 때) 직공들은 식당 앞에 길게 줄을 서서 식권 있는 자가 먼저 사 먹고, 식권이 없는 이들이 남은 밥을 사 먹으려고 기다렸으나 앞에 몇 사람만 먹고 나니 밥이 없어 먹지 못했다. 혹시나 밥을 줄까 싶어 다른 식당들을 가 보았지만 식권 없이는 밥을 파는 식당이 아무 데도 없었다. 너무 배가 고파 돌아다니다가 한 민간 집에서 시나소바(국수 같은 것)를 파는 것을 발견하여 한 끼는 잘 먹었으나, 그 한 끼뿐이었다. 그다음 날도 갔으나 장사를 하지 않았다. 먹지 못해도 일은 하라고 하니 배가 등에 붙어 버렸고, 힘이 없어 작업대에 오르지 못하고 얼굴을 작업대에 파묻고 울고 있는데 반장이 위로하며 일하자고 애원했다. 그래도 주인은 김이 모락모락 오르는 쌀밥을 해서 우리가 보이는 아래층 부엌에서 이층으로 들고 올라가니 직공들은 그 밥상이 안 보일 때까지 보며, "아이고 먹고 싶어라."고 말하는 자도 있었다.

아침에는 자다가 모터 소리에 일어나 일하고 점심때는 식권 없이 밥을 먹으려고 헤매는데 아무리 돌아다녀도 밥 파는 곳이 없어 지붕에 말리는 절간고구마를 훔쳐 먹고, 쓰레기통을 뒤적거렸으나 먹을 것이 없었다. 일을 마치고 누워 자려고 해도 먹고 싶은 생각이 간절하여 잠이 안 왔다. 잠이 들면 고향 집에서 동생들과 놀고 있는데 모터 소리에 잠이 깨니, 도쿄 허씨의 삭막한 공장이라 꿈 깨는 것이 무서웠다. 먹고 싶은 생각이 간절하다가 생각난 것이 식모가 아침 밥쌀을 미리 씻어 솥에 둔 것을 모두 잠든 밤중에 나 혼자 몰래 솥뚜껑을 열고 손으로 한 주먹을 입에 넣고 화장실에 들어가서 씹어 먹었다. 날마다 그렇게 하다가 하루는 토란이 섞여 있는 줄 모르고 씹다가 입안을 톡톡 쏘아 도저히 삼킬 수가 없어 토해내고도 한참 동안 입안 곳곳에서 톡톡 쏘았으나 그다음부터는 똑똑히 보고 먹었다. 직공들의 얼굴은 모두 슬픔이 가득 찼다. 성도도 우는 얼굴로 힘없이 나에게 오더니, "우리 오늘 저녁 집으로 가자."고 말했다.

1943년 12월 31일(굶기 시작된 지 보름째 되던 날), 일을 마치고 자는 시간에 우리 둘은 도쿄역으로 갔다. 매표소에서는 내일 아침에 표를 판다고 하며 벌써 몇 사람이 줄을 서 있었다. 우리도 줄을 서서 밤을 지새웠다. 그곳은 건물 밖이어서 밤이 되니 얼굴이 추워 저고리를 벗어 덮어 쓰고 벌벌 떨면서, 주인에게 붙들릴까 봐 걱정을 하며 사방을 두리번거렸다. 날이 밝아 1944년의 새해 정월 초하루에 아침 해가 찬란하게 떠올라 먼 곳도 잘 보이니, 밤보다 걱정은 더하여 먼 곳까지 살피는데 거기서 멀지 않은 시전 정거장에서 낯익은 사람이 차에서 내리더니 우리를 보며 곧바로 다가오는데 점점 가까이 오니 주인의 아우였다. 성도가 달아나자고 말했으나 그때는 우리 바로 앞까지 와 있었다. 우리는 꼼짝없이 잡혔다. 그러나 그는 너그러운 목소리로, "왜 여기 왔노!

어서 집에 가자!"고 하며 앞장서서 걸어가니 우리는 죄수처럼 따라갔다. 그는 자기 집으로 가더니 일본 떡을 한 쟁반 우리 앞에 갖다 주며, "배고팠지. 어서 먹어라." 하며 차분하게 말했다. 그 말도 좋았지만 우리는 어서 떡을 먹고 싶었다. 떡이 입에 들어가니 설탕처럼 사르르 녹았다. 그리고 그는 주인에게 가서 빌라고 가르쳐주었다.

성도와 나는 주인 앞에 와서 무릎을 꿇고 울면서 "죽을죄를 저질렀습니다. 한 번만 용서해주시오." 하고 손을 싹싹 비비며 말했더니, 그는 아무 말도 안 하고 후딱 일어나 가 버리고 그 부인이 다가서더니 새매 같은 눈을 해서 쏘아보며, "이놈의 새끼들! 일본 도쿄까지 공짜로 온 줄 아나? 돈 들이고 힘들여서 데려온 줄 모르고……. 구류간에 처넣어줄까? 요번만 용서한다."고 하며 쌕쌕 숨소리를 내며 2층 자기 방으로 올라갔다.

그리고 그다음 1월 1일부터 식권을 주어 날마다 밥을 먹으니 아팠던 뱃속이 훈훈하고 편안해졌다.

그러던 어느 날 식당에서 밥을 먹다가 발밑에 떨어진 식권을 주었다. 우리 을권보다 더 많은 밥을 주는 갑권 20여 장을 주어 성도에게 자랑하니, 성도가 "우리 한번 실컷 먹자! 누가 많이 먹나 내기하자!"고 말했다

그래서 그 식당에서 우리 집으로 오기까지 식당마다 들어가서 밥을 먹기 시작했다. 반찬은 먹지 않고 국과 밥만 여섯 상을 거뜬히 먹고 일곱째 식당에 들어가서 한술을 입에 떠넣는 순간 배가 찢어질 듯 아프고 꽉 차서 온몸을 꼼짝할 수가 없었다. 수저를 입에 댄 손도 내리면 배가 아파 그대로 움직이지 못하고 있는데, 성도는 그 일곱 그릇

을 다 먹고 나를 보란 듯이 빙그레 웃으며 의젓이 식당 문을 좌르르 열고 나갔으나 나는 일어나지도 못했다. 얼마 후 간신히 돌아와서 이불장 속에 드러누운 성도 곁에 누우려고 하니 비좁아서 발을 위로 하고 누워 있으니, 아까 먹었던 밥 쌀알이 하나씩 입으로 나와 그 하나씩 나올 때마다 시원했다. 그리고 곧 잠이 들었다. 자고 나니 배도 안 아프고 살 것 같았다.

그 후 공휴일에 성도와 함께 허일우 집에 놀러 갔다. 일우 어머니는 외가 마을 조사리에 살았으니 성도를 잘 알았고, 나는 그녀와 먼 친척간이라 다정했다. 또 허씨 집안에 시집갔으니 매우 가까웠다. 찰밥을 해주며 우리가 고생한다고 자식처럼 대접하니 우리는 배고파 죽을 뻔했던 일과 배가 불러 죽을 뻔했던 일을 털어놓고 이야기했다. 일우 어머니는 "고생한다. 참을 수 없거든 이곳으로 가라." 하며 우리에게 갈 곳을 알려주어 성도가 그곳을 약도로 기록하여 돌아왔다.

그 후 공휴일 날에 우리 직공들은 우에노 공원에 놀러 가기로 했다. 공원에 들어서니 벚꽃이 활짝 피어 달콤한 향기가 가득하고 땅에도 떨어진 벚꽃 잎이 쌓였고 하늘에도 날아다니니 하얀 벚꽃 세상을 이루고 있었다. 아이들은 벚꽃 속에 숨어 소리쳤다. 바람이 부니 물 붓듯이 꽃잎이 이어 떨어졌다. 벚꽃나무 위에 기린의 모가지가 우뚝 솟아 있고 눈을 감은 채 새김질을 하고 있었다.

그때 성도가 내 귀에 대고, "우리 오늘 도망가자."고 속삭였다.

우에노 공원을 한 바퀴 돌고 난 다음 아사쿠사로 가서 '짠짠바라' 영화를 보려고 모두 가니 영화관이 80여 개나 몰려 있어, 그 앞길이 관람객들로 꽉 찬 속에서 우리는 공장으로 돌아와 각각 자기 소지품을 쥐고 서둘러 전차를 탔다가 다시 시외 전차로 바꾸어 타고 고단노(五段野)역에 내리니 도쿄 시내를 벗어난 고요한 시골이었다. 하늘에는 구름이 끼어 달빛이 희미한데 집들은 드문드문 있고 모내기를 마친 지 얼마 안 된 논들이 넓게 펼쳐졌다. 우리가 타고 온 전차가 쏴 하는 소리를 내며 다시 출발하자, 차가 멀어져가면서 그 소리는 차츰 작게 들리다가 사라지니 무수한 개구리 소리가 개골개골 들려왔다. 고향에 온 것 같았다. 성도도 나도 넋을 잃고 길한 가운데 서서 그 개구리 소리에 발걸음이 멈춰져서, "고향에도 지금쯤 모내기하겠지?" 하며 고향 생각이 간절하여 움직여지지 않았다. 언제까지나 서 있을 수 없어 다시 걸었다.

희미한 달빛 아래 약도를 보며 찾아가니 논 한가운데 바락구집(나무를 제재하다가 쓸모없어 버리는 조각으로 지은 집)이었다. 문을 두드리니 깔끔한 분이 나와 "여태 기다리다가 깜박 잠이 들었네." 하며 리어커로 이불을 싣고 와서 문을 열고 들어가서 자라고 했는데, 방 안에 뜨문뜨문 누워 잠든 사람들은 모두 꽃무늬로 된 비단 새 이불을 덮고 얼굴만 드러냈는데 너무 검어 한결같이 새카만 흑인종 같았다. 우리도 잠을 자려고 비단 새 요와 이불을 펼치고 옷을 벗으니 바로 옆에 있던 아저씨가 쳐다보며, "아이고 안짱들(소년들), 그런 몸으로 이곳에서 일하겠나?" 하며 혀를 찼다. 공장 안에서만 일하며 굶었으니 온몸이 백지처럼 희고 배는 등에 붙었고 옆구리 뼈가 앙상하게 드러났으니 사람 같지 않았을 것이다.

비단 새 이불에 누우니 죽을힘을 다했던 그날의 피곤함도 다 잊어버리고 하늘에 오르는 듯이 기분이 좋아 곧 잠이 들었다.

그 이튿날 아직도 날은 밝지 않은 이른 새벽인데 벌써 부엌에는 커다란 솥에 하얀 쌀밥이 가득했고, 또 한 솥에는 방어찌개를 해서 큰 그릇에 가뜩 퍼주며 얼마든지 먹으라고 하니 딴 세상에 온 듯했다.

아침밥을 든든히 먹은 그곳 사람들은 삽을 들고 집 앞으로 걸어가더니 논바닥을 파서 칙구루마(바퀴가 鐵路 위로 가게 하여 손으로 밀고 가는 수레)에 담아 다른 곳으로 옮기는 일을 했는데 내가 이 일을 못하면 쫓겨날 것같아 잘하려고 가진 힘을 다하여 반쯤 실었을 때, 아저씨들은 모두 다 싣고 우리 둘이 다 실을 때까지 서서 기다리니 감독이 와서 나에게 그만두라고 하며 물이나 길어주며 주방 일을 도우라고 말했다. 나는 조금도 걱정하지 않고 놀면서 그곳에서 일하는 자들은 어떤 이들인가 궁금했는데 저녁에는 교복으로 갈아입고 도쿄 시내로 들어가서 야간대학을 하는 자들이었다. 책장에 꽂인 책들은 한문과 외국어가 많았다. 다무라 씨가 "공부를 하려면 배고픔을 견뎌야 한다."고 가르쳐주었다.

이틀째 놀고 있으니 도요다 씨가 메이지대학교 법과 배지를 단 교복을 입고 나에게 오더니, "가자."고 말했다. 나는 어디로 가는지도 모르고 도요다 씨를 따라가니 요코수가의 히라야마(平山) 씨에게 나를 맡기고 그는 가버렸다. 이튿날 나는 히라야마 씨를 따라가니 일본 내무성의 측량사 보조원을 하게 했다.

날마다 요코수가의 국도를 측량하는 일이었다. 측량사가 도란싯드(望遠鏡 같음)로 지적한 곳에 말목을 박고 세밀한 지점에 못을 말목 위에 박는 일이었다. 기사는 25세가량의 키가 작고 깡마른 착한 일본사람이었고 나와 같은 일을 하는 사이토는 통통한 편으로 내 또래였다.

그 아이와 날마다 마주 보며 점심밥을 같이 먹는데 내가 먹는 고추장에 맛을 들여 나중에는 밥 한술에 고추장도 한술을 먹으니 이놈이 혹시 미친놈이 아닌가 싶어 "사이토, 안 매워?" 하고 물었더니, "맛좋아." 하고 대답했다. 조금 이상한 놈 같아 "사이토, 일본은 패전한다."고 하니, "절대로 일본이 이긴다."며 벌떡 일어나 고함을 쳤다.

점심을 먹고 나면 다음날 준비를 하고 비 오는 날은 말목이나 만들며 둘이서 놀다가 집으로 오는데 히라야마 씨의 외동아들 요시보는 내가 오기를 기다렸다가 함께 뒷산에 올라가서 뒹굴며 놀았다. 때로는 그의 누나 가유코가 오면 더욱 즐거웠다. 히라야마 씨 부인은 경남 협천이 고향이며 나에게 자기 사위가 되라고 했으나, 16살의 나는 대답할 줄 몰랐다. 히라야마 씨는 60세가 되도록 5살 난 아들에게 소망을 다할 수 없어서 하는 말이었다.

훗날 요코수가 군항 안을 측량했다. 이곳은 예상한 것과는 달리 일본 제1의 요새인 군항인데 전함이 별로 없었다. 요카렌(해군 장교후보생)들은 자기가 맡은 분야에서 묵묵히 수련하고 있었으며, 그들의 외출하는 날은 일대 장관을 이루었다.

그들의 군가 '와까이 지시호노(젊음의 피가 끓는)'가 확성기로 울려 퍼지면, 요코수가 해군본부 일대가 진동한다. 정문으로 나오는 요카렌의 행렬이 아침부터 언제까지나 그칠 줄 모르고 이어져나온다. 모두 똑같은 푸른 바다색에 해군 장교 제복에는 일곱 금빛단추가 반짝거리며 시민들은 길 양쪽에 서서 힘찬 박수를 치며 환영하는데, 갑자기 공습경보가 나니 박수를 치던 시민들은 어리둥절했다. 하늘을 쳐다보니 B29의 윗부분만 산봉우리에 나타나 땅에서 90도로 하늘을 향하여 급속도로 오르더니 얼마 안 되어 보이지 않는 높은 하늘로 올라가 버렸다. 내 곁에 노인은 넋을 잃고 쳐다보다가 "저게 무어냐? 대낮에 유령인가?" 하며 힘없이 하늘만 보고 있었다.

이렇게 되어(이후) 미군 비행기들의 공습은 잦아지기 시작했다. 일본군은 총도 한 발 쏘지 못한 채 B29가 하늘 높이 날아올라 보이지도 않고 소리도 들을 수 없으니 경계경보도 못하고 비행기가 나타난 후에 공습경보가 나곤 했다.

그날도 B29는 일본군이 탐지할 수 없는 높은 하늘로 날아와서 사진을 찍다가 군대 연병장인 줄 알고 내려와 보니 초등학교 운동장이라 황급히 다시 오를 때는 지상 90도 수직으로 올라가니, 그 같은 비행기를 본 적이 없는 노인들은 그들 속담처럼 대낮의 유령으로 착각했던 것이다. 미군들의 공습은 점점 잦아져서 미군기가 자기 나라 드나들 듯 하니 일본 국민들은 공습경보가 나도 크게 두려워하지 않게 됐고, 수없이 폭격을 당해도 항복하지 않고, 오히려 '최후에 한 사람이 남을 때까지 싸우라!'고 방송하며 국민들에게는 '최후에 일인까지'란 구호를 외치게 했다. 이 외에도 도쿄 '수미다'를 비롯하여 시내 곳곳이 불에 탔고 내가 살고 있는 일본 제1의 요새인 요코수가 해군 기지 위로도 날아왔다.

17
하늘을 덮는 자들과 불태우는 자들……

일본 국민들이 밤잠을 잘 자고 새벽에 일어나려 할 무렵에 경계경보가 은은히 들려왔다. 이제는 귀에 익숙하게 된 소리라서 당황하지 않고 잠옷 차림으로 집 앞 언덕에 어슬렁어슬렁 올라가서 공습기가 날아올 동녘 하늘을 바라보니 때가 묻은 솜 같은 검은 구름들이 한 조각 한 조각씩 하늘 가득히 덮여 있었다.

조금 있으니 공습경보가 나며 마을 비상종이 다급히 땡땡 울리고 "대피! 대피!" 하는 소리가 나니 동민들이 방공호로 달려가는데, 그중 아기를 업고 밥통을 안고 달려가는 여인은, 강아지가 캥캥 울며 그녀를 따라가다가 여인의 치맛자락을 물고 늘어져 치마가 벗겨져도, 그녀는 쥐고 힘껏 달려갔다. 나도 집으로 와서 옷을 갈아입고 다시 와 보니, 아무리 봐도 공습기는 보이지 않았다. 그때다! 하늘을 보고 있던 가네모도 씨가 큰소리로 "저기다, 저기!" 하고 소리치며 손으로 가리키는 방향을 자세히 보니, 구름들은 동쪽 수평선으로 넘어가는데 구름보다 더 검은 주먹만 한 물체가 일본으로(서쪽으로) 오고 있었다. 그때! "탕 콰르르르르르르르……" 하는 소리가 귀가 찢어지게 크게 나며 땅이 흔들흔들하는데, 그곳에 서 있던 나는 상체가 앞으로 푹 수그러져서 내 뒤 하늘이 보이는데 드럼통만 한 불덩어리가 내 뒤에서 내 위로 지나 동쪽으로 붉은 선을 그으면서 날아갔다. 정신이 번쩍 나면서 상체를 일으켜 큰 소리가 나던 뒤를 돌아보니 지금까지 보이지 않았던 거대한 포대가 우리 집 뒷산 중간에 있고, 긴 포구멍 끝으로 연기를 몽글몽글 품어내고 있었다. 하얀 억새꽃이 온 산에 가득했는데 그 포탄 한 방에 모두 꺾여져서 밑으로 숙여져 하나도 보이지 않았다.

요코수가는 일본의 가장 큰 군항(軍港)이며 첫째가는 요새(要塞)로써 바다에는 일본해군 군함들이 있고, 서쪽은 산으로 둘러싸여서 수많은 포대들이 그 산에 설치되어 있었다.

공습 오는 미군 비행기는 거기서 동쪽 수평선 위로 날아오는데 아직도 멀리 있으니 구라망 전투기 1,000대와 B29 29대, 모두 1,029대가 아기 주먹만 한 검은 구름 같았고 동으로 흘러가는 구름과는 달리 서쪽 일본으로 급히 오고 있는 것이 뚜렷이 나타났다. 곧이어 이곳저곳 포대에서 쏘는 포탄들이 날아가니 아기 주먹만 한 물체 속에서 비행기가 한 대씩 튀어나와 그때서야 구름과 구별이 됐다.

이날은 검은 구름 조각들이 하늘을 덮은 데다 아직도 해가 뜨지 않는 새벽어둠 속에 이곳저곳 포대에서 쏘는 포탄들이 공습기가 있는 동쪽으로 날아가면서 각기 빨간 선을 그으면서 차츰 작아지며 모두 한 곳으로 집중되는 모양은 전장이 아니면 볼 수 없는 진귀한 광경이었다. 주먹만 하던 공습기들은 한 대씩 옆으로 퍼지면서 편대형을 만들어 일본으로 날아왔으나 폭탄 한 발도 내리지 않았고 또 그 많은 공습기가 한 대도 일본 포탄에 명중되지 않았다. 그러더니 한 대가 검은 연기를 내며 천천히 떨어지니 방공호 앞에서 우리와 같이 구경하던 일본인들은 격추된 줄 알고 기뻐서 껑충 뛰며 박수를 치며, "얏주케다(쳐부쉈다)!"고 소리쳤다. 한국인들은 실망하는 기색인데 그 비행기는 자기들을 쏜 포대 위로 천천히 내려오더니 연기 나는 것을 내려 주고 윙 소리를 내며 다시 하늘로 솟아 올라갔다. 이번에는 한국 사람들이 박수를 치며, "잘한다! 잘해!" 하며 기뻐했다. 조금 전에 박수를 치며 기뻐하던 일본인들은, "칙쑈(개새끼)" 하며 실망하고, 우리들은 박수를 치며 웃어댔다.

이렇게 하는 비행기가 세 대나 있었다. 그 연기 나는 것이 떨어진 일본 포대에는 불이 나서 검은 연기가 가득히 오르고 포심이 땅에 떨어졌고 일본군은 불 끄기에 분주했다. 포탄은 더 많이 쏘아 올라갔다. 탕 콰르르르 하던 소리가 탕탕으로 들리다가 딱딱으로 변하여져서 고막이 톡톡 올랐다 내렸다 하다가 나중에는 무죽해져버렸다. 공습기가 바로 내 머리 위에 왔을 때는 온 하늘을 덮어버렸다. 햇빛을 가리워 어두컴컴해졌다. 비행기 소리로 공기를 압박하니 뇌를 찌르는 것 같고 집에 붙은 송판 하나가 못이 빠져서 50센티미터가량 튀어나왔는데 두께 1센티미터에 길이 30센티미터가 되는 것이 10센티미터 진폭으로 부르르 떨기 시작하여 공습기가 지나갈 때까지 계속됐다.

공습기가 하늘을 덮었는데, 떨어뜨리려고 쏘아대는 일본 포탄으로 하늘은 빨간 불덩어리가 됐다. 동서남북 사방을 둘러봐도 포탄이 작렬하는 빨간 불로 땅에서부터 하늘까지 붉고 밝은데다 기관총까지 쏘아대니 소방대의 펌프 물 같이 솟아오르며 쏴쏴 소리가 나며 물을 품듯 쏘아 올리니 일본 포대는 젖 먹던 힘까지 다한 전쟁이었다. 수많은 포탄이 터지는 불덩어리의 빛이 대낮보다 더 밝고 붉어서 공습기가 보이지 않았는데 가끔씩 쏘아 올린 곳에 다음 포탄이 늦게 올라올 때 불이 꺼지면 공습기의 일부분만 보였다가 다시 포탄이 오르면 빨갛게 되니 하늘을 불바다로 만들었다. 수없이 쏘아도 공습기는 2~3대만 격추될 뿐이니 이상한 비행기로 알았는데 나중에 알고 보니 일본군의 포탄이 미군의 공습비행기까지 올라가지 못했다고 한다.

바로 우리 머리 위를 덮었던 공습기가 서쪽으로 날아 옮겨가니 안심하고 있었는데, 공중으로 쏘아 올렸던 수많은 포탄 조각들이 떨어지기 시작했다. 나무들 위에 떨어지면 아름드리 노송들이 위에서부터 뿌리까지 쫙쫙 갈라져서 쿵쿵 소리를 내며 쓰러지고, 길바닥에 떨어지면 땅 하며 내려오던 곳을 따라 먼지가 총알처럼 하늘 높이 오르면서 삐유웅- 소리를 내며 하얗게 보였다. 이때까지 방공호 밖에서 정신없이 구경하던 자들이 포탄 조각에 맞아 죽을 것 같아, 부랴부랴 방공호 안으로 들어갔다. 방공호 안은 컴컴한데 아줌마 한 분이 "아이고 아이고 내가 가자고 할 때 갔으면 이 꼴을 보지 않채! 이제 새끼들 다 죽이고 너 죽고 나도 죽는대이." 하며 땅바닥을 치며 울고 있고, 그 앞에는 남편 같은 사람이 멍하게 서 있었다. 일본인이 멀찌감치에서 이 광경을 심각한 표정으로 보고 있었다.

공습기 소리는 서쪽으로 점점 사라졌다. 그때서야 사방이 조용해지니, "여호와는 나의 목자시니 사망의 음침한 골짜기에서 나를 안위하시나이다."라는 유년 주일학교에서 익혔던 성시가 암송되어졌다.

얼마 후 공습경보 해제 사이렌이 들려왔다. 방공호에서 나와 집에 오니 모두 반가워하며 히라야마 씨 부인은 뒷산 밭에 무를 뽑으러 가니 가유코도 요시보도 가고 나도 같이 가서 기다란 무를 깎아 먹으면서 집으로 왔다.

저녁을 먹고 있는데 갑자기 비행기 소리가 '앵' 하며 들려왔다. 정신없이 밥그릇을 든 채로 밖으로 나와보니 미군 공습기 구라망 전투기 한 대가 마을 옆의 산 중턱에 포대를 빙 돌아가니 포대에 일본군이 격추하려고 포를 돌리며 겨누다가 비행기에서 총을 연발하니 일본군은 쓰러지고 포심도 푹 떨어지고 포대를 한 바퀴 돌아 내 앞으로 날아오는데, 땅에서 20미터 높이에서 맨 앞자리에 앉은 자가 창밖으로 손을 뻗어 권총을 쏘았는데 나를 겨냥했으나 그와 나는 20미터 거리지만 옆으로 날아가면서 쏘았기에 내 옆의 돌에 맞아 총알이 뭉개져 있었다.

그 구라망을 가까이서 보니 진기한 그 모양에 장난감처럼 예뻐서 만져보고 싶었다. 그 비행기가 날아가는 방향은 요코수가 군항이며 거기서 연료도 다되어 날지 못할 것이니 그 용감함에 감탄했다.

그때서야 공습경보가 급하게 윙윙거리며 방송하기를, 1,000대의 적기들은 500대씩 나뉘어 일본 상공을 날다가 '오가사하라군도' 근처에 기다리고 있던 항공모함을 타고 돌아갔으나 그 시간에 도착하지 못한 몇 대가 국내로 다시 와서 돌아다니니 조심하라고 경고했다.

18
성수 형

대공습을 겪으면서도 나는 다른 곳으로 피난 갈 생각은 없었다. 일본 제일의 요새인 요코수가 군항이 집에서도 보이는 곳이지만 3면이 산으로 둘러싸인 민가뿐이니 대공습이 있어도 폭탄 한 발 떨어지지 않고 안전한 곳이었다. 더구나 히라야마 씨 내외는 부모님 같은 분들이었다. 그런데 사촌 성수 형이 갑자기 찾아와서 "빨리 집으로 가자. 여기 있으면 죽는다!"고 말하더니 그 이튿날 아침에 출발하자고 현관에서서 재촉하며 기다리고 섰으니 히라야마 씨 부인은 가지 말라 하고, 가유코는 앞을 가로막고 울었다.

그렇다고 먼 길을 찾아온 형을 거역할 수도 없고 난처하여, 가유코에게 "형의 말을 거절할 수 없으니 갔다가 다시 온다."고 말하고 요시보와 잘 놀라고 전별금을 가슴에 넣어주고 나서니 집 앞에는 20미터가 넘는 대나무가 간밤에 내린 눈에 덮여 U자로 휘어졌고, 길에는 눈이 쌓여 다리 전부가 잠겼다. 눈길을 2킬로미터나 걸어서 기차를 타니 복도를 걸을 수 없이 대만원이었다. 모두 일본 동부의 잦은 공습을 피하여 서쪽으로 피난 가는 자들 같았다. 점심때가 되어도 먹지 못하고 가고 있으니 주먹밥을 공짜로 나누어주는데, 형은 더 얻어서 한 개를 나에게 주니 나는 두 개를 먹었다. 오후 늦게 니이가다현 니혼기(二本木)역에 내렸다.

이곳에서 육촌형이라고 소개하는 최이봉 씨를 만났고 그 외에 경북 영덕에서 온 분들과 2층 다다미방에 살면서 눈 치우는 일을 했다. 거기서 한 정거장을 더 가서 집으로 가는 차표를 사려고 성수 형과 같이 다카다역에 갔더니 연락선이 폭격을 맞아 갈 수 없다고 해서 할 수 없이 신청만 해두고 돌아와서 이봉 형을 따라 눈 치우는 일을 함께 했다.

이곳 니혼기에는 일본에서 군수공장으로 여덟 번째 가는 큰 공장이 산을 끼고 길게 자리 잡고 어뢰(魚雷, 수중 폭탄)를 만들고 있었다. 전시 동원된 각지에서 온 학생들이 눈으로 덮인 기찻길을 스키로 다니고, 한국인들은 군수품을 만드는 곳에는 접근하지도 못했다. 어느 날 공장 안에 무료영화관에 들어가니 콩나물시루같이 꽉 차서 남자의 손이 여자의 젖가슴에 닿아도 빼기 어려웠다. 장난기가 많은 긴다로 씨(한국인)가 처녀 젖가슴을 주무르다가 그녀의 애인에게 잡혀 죽을 뻔했다가 요행이 화해되어 친구가 됐다.

성수형도 그들과 어울려 어떤 날 밤은 자고 오기도 하고 아가씨가 찾아오기도 하더니 병들어 눕게 됐다. 평소에는 보지도 않던 기타를 배운다고 열중하기도 하더니 병들어 누우면서부터 말을 못했다. 이봉 형과 나는 눈이 2층까지 덮힌 높고 좁은 미끄러운 눈길을 그를 업고 걸어서 병원으로 갔으나, 병원마다 '각게쇼신'이라는 병으로 이 지방(地方)에서는 고칠 수 없는 불치병(不治病)이라며 치료를 거절하니, 행여나 고칠 수 있는 병원이 있을까 싶어 병원마다 돌아다녔다. 눈길에서도 땀을 닦으면서 업고 다카다까지 기차를 타고 병원마다 가봤으나, 모두 고칠 수 없다고 하니 도로 업고 집으로 올 수밖에 없었다. 이봉 형이 수소문한 끝에 명약이라고 알려진 한약을 지어 와서 먹이고 나는 곁에서 지켜보고 있었다. 날마다 그렇게 지켜보는 것이 나의 일과였는데 그날은 깜박 잠이 들었다. 잠결에, 같은 방에서 기거하는 분이 "최군! 형이 죽었어!"라는 고함소리에 벌떡 잠이 깨어보니, 형의 손톱이 희고 심상치 않았다. 형의 입에 귀를 대어 숨소리를 들으려고 했으나 들리지 않더니, 목 안에서 '딱' 소리가 나니, 옆에 있던 자가 "운명하시네." 하며 실망하는 기색이었다.

그때서야 죽은 줄 알고 나는 확 미쳐버렸다. 펄쩍펄쩍 뛰다가 창문에 올라가서 뛰어 거꾸로 곤두박질하여 이마를 방바닥에 박으며, 대성통곡해도 답답한 가슴이 풀리지 않았다. 같은 방에서 자던 분들이 위로했지만 들리지 않고 대성통곡하니 모두 밖으로 나가고 해가 질 때까지 곤두박질했으니 내가 타고난 울음과 눈물은 그때 다 쏟은 것이다. 16세 철부지인 나를 천리타향 이국땅에 데리고 와서 불과 몇 날이 안 되어 자기가 죽으니 하늘도 땅도 캄캄했다.

"형 나 혼자 어떻게 하란 말이야? 말 좀 해봐라!"고 부르짖어도 형은 입도 움직이지 않았다. 정오에 운명하여 어두워질 때까지 울었으니, 기진맥진하여 더 울 힘도 없어서 보고만 있었다. 같은 방에 자는 이들이 한 분씩 돌아와서 잠자리에 조용히 드러누웠다.

그들이 잠이 들 때쯤 되어 공습경보가 났다. 모두 방공호로 가면서 같이 가자고 말했으나 형과 함께 죽는다고 가지 않았다.

그 비행기가 45도에서 폭탄을 던지면 맞는다는 말이 기억나서 조마조마했으나 옆의 공장 위로 날아 먼 곳으로 가는 소리에 안심했다. 그러나 비행기 소리가 다시 커지기 시작하여 돌아오니 '이제는 확실히 알고 오는구나. 영락없이 죽는구나.' 싶었는데 바로 내 머리 위로 와서 폭음소리가 요란하다가 또 그냥 지나갔다. 비행기 소리가 멀리 사라지니 이제는 살았다고 안도의 숨을 쉬면서 창문을 보니 으스름 달빛에 고양이가 창문에 앉았다가 내가 있는 줄 알고 야옹 소리를 내며 달아났다. 벌써 시체 냄새를 맡고 온 것 같았다. 3일째 되던 날 교포들이 행상을 간단하게 만들어 화장실(火葬室)로 운구했다.

산속 소나무 숲 오솔길을 조촐한 상여가 갈 때 적막하고 고요했다. 묵묵히 길만 가던 상두꾼들 6~7명이, "너무 심심하다. 가는 이를 위해서라도 이럴 수가 있느냐?" 하면서 상엿소리를 부르기 시작했다.

"너 홍. 너 홍. 너기님차 너홍. 너, 너, 너 홍… 너기님차 너 홍……."

고향에서 듣던 상엿소리보다 더 서럽게 들리더니 상두꾼들도 목이 매인 듯 그쳐버렸다. 10리 길을 족히 간 산속에 작은 화장실이 있었다. 형의 시체를 아궁이 속으로 넣으면서 또 한바탕 몸부림을 치며 울었으나 기어코 불을 피우니 와르르 소리를 내며 타올랐다.

굴뚝에 연기를 쳐다보며 '이제는 다시 볼 수 없는 형의 얼굴이 저 연기가 되어 오르는구나. 아는 이들마다 비단결 같은 그의 착한 심성도 쓸데없구나'라는 생각이 들었다. 슬픔은 끝이 없었다. 상두꾼들은 가지고 왔던 막걸리를 나누어 마신 후에 한 시간이 지나니 시체가 다 탔으니 집으로 돌아가자고 일어섰지만 나는 형과 있겠다고 앉아 있으니 모두들 내일 다시 오자며 나를 강제로 일으켰다.

그 이튿날 아침 일찍 뼈를 찾으러 화장실로 또 갔다. 활짝 갠 초봄의 하늘 아래 산속은 끝없이 침묵했다.

내 키만 한 낮은 소나무에 앉았던 작은 산새 한 마리가 나무에서 나무로 옮겨가며 계속 앞서며 짹짹거리니 고맙고 귀여웠다. 가면서도 성수 형이 화장실에서 살아날 것 같았다. 화장실에 도착하기 바쁘게 행여나 형이 살아 있을 듯하여 화장실 뒷구멍으로 아궁이 속을 들여다보니 그 안에는 사람 모양과 똑같은 형체의 재(灰)가 누워 있었다. 온몸의 혈관과 힘줄 같은 가느다란 줄이 세밀하게 손끝 발끝 눈동자까지 조금도 트러지지 않은 인체 형상 그대로, 염할 때 양손을 배 위에 합수한 그대로였는데 이봉 형이 앞에 아궁이 문을 열려고 손이 닿는 순간 삽시에 그 형체는 사라지고 눈이 올 때 가장 먼저 내리는 눈송이 모양의 작은 재가 되어 밑으로 떨어지니 성수 형은 완전히 사라졌다. 훌쩍훌쩍 울면서 뼈를 상자에 담아 절에 맡기고 돌아와서 드러누워버렸다. 형을 잃고 나니 만사가 허무했다.

몇 날이 됐는지 날이 가는 줄도 모르고 밥도 먹지 않고 누워 있으니 갑갑하여 일어나 세수를 하다가 문득 생각나는 것이 있었다. 초상나기 전에 길가에 붙은 광고지에 우에노(上野) 음악학원생들이 다카다 극장에 공연을 온다는 광고지! 송라초등학교 동창생 정성준이가 그 학교에 재학 중이니 만날 것 같아 다카다로 갔다. 기차가 다카다역 홈에 와서 정거하려고 천천히 갈 때 또 문득 간밤에 꾼 꿈이 생각났다. 성수 형이 앉아서 기타를 치다가 고개를 돌려 뒤에 있는 나를 보며, "너. 내

일 다카다역에 가 봐라" 그 한마디만 하고 꿈이 끝났는데, 그 순간 내 생각에 틀림없이 한국 가는 차표가 됐다는 생각이 들어 뛰어 매표창구에 가서, "한국 가는 차표를 살 수 있습니까?" 하고 물으니 전에 차표를 신청할 때 만났던 아가씨가 그날도 근무하면서 활짝 웃으며, "됐어요. 안으로 들어오세요." 하고 말하며 차표를 주면서 팔게 된 사연을 말해 주었다. 니이가다대학 재학 중이던 한국 유학생이 소집영장을 받고 홀어머니를 만나보고 출정하려고 하는데, 차표를 못 사서 할복자살한 사건이 나서 니이가다 현장(縣長)이 다카다역에서는 하루 두 장씩 팔라는 지시가 내렸는데, 내가 첫 번째가 됐다며 나보다도 더 반가워했다.

절에 맡겼던 형의 유골을 찾아 그 이튿날 출발하니 같이 생활했던 교포들이 역에 나와 슬퍼하며, 이봉 형은 역에서 조금 지난 길가에 서서 내가 안 보일 때까지 울며 수건으로 눈물을 닦으며 손을 흔들고 서 있었다.

아침에 니혼기를 떠나 밤 11시에 오사카에 가까웠을 때 차내 방송에서, "연락선이 폭격을 당했으니 한국으로 갈 사람은 돌아가라."고 하니, 오사카에서 사람들이 많이 내려 차 안이 텅 비어져 기차는 요란한 소리를 내며 말처럼 껑충껑충 뛰듯이 급히 달렸다. 울면서 기다리실 백부님을 위해서 요코수가의 가유코에게로 가고 싶던 마음을 억누르고 시모노세키로 달렸다. 연락선이 다시 갈 수 있게 될 때까지 근처에서 노가다 일을 해가면서라도 가야 한다고 결심했다.

시모노세키에 내려 연락선을 타는 부두(산바시)에 가보니 3천 명이 대기하고 있었다. 크고 긴 의자가 수없이 있어도 빈틈없이 앉은 여객들로 앉을 자리가 없어 한참 동안 서 있다가 한 사람이 일어서는 자리에 재빠르게 앉았는데, 엉덩이를 무엇인가 찌르는 것 같아 일어나서 보니 아무것도 없어 다시 앉으니 이번에는 허리까지 쑤셨다. 고약한 생각이 들어 또다시 일어나 자세히 보니 의자 틈 속에는 부던지(진드기)만한 빈대가 우글우글했다. 모두 나를 보며 긴 다리로 잘 걸어 다녔다. 차 중에서 듣던 일본방송은 연락선이 격침되어 한국으로 갈 수 없다고 말했는데, 여기 3천 명이나 대기하는 자들은 그 말을 듣고도 이곳에 머물고 있으니 혹시나 그들만이 아는 비밀이 있는가 싶어 옆의 한 아주머니에게 "연락선이 가는 줄 아십니까?"라고 물었더니, "기다리면 며칠 후에 갈 수 있답니다."고 대답했다. 나는 여관에 가서 유골을 거기에 두고 그들과 함께 산바시에서 기다렸다. 식사 때가 되어 여관에 오면 손바닥만 한 작은 접시에 야채와 삶은 완두콩 몇 알을 식사로 주었지만 감사하게 먹었다. 수많은 대기자들은 조별로 편성하여 승선 질서를 유지하며 10여 일을 기다렸더니, 시모노세키에서 가까운 작은 어촌으로 가서 모터 배에 50명씩 타고 바다 깊은 곳에 있는 군 수송선(軍輸送船)을 타라고 했다.

우리들은 연락선인 줄만 알았는데 타고 보니 일본 군인들이 가득 타고 있었다. 사복(私服)한 현병이 내 트렁크를 조사하더니 표지가 가죽으로 된 두꺼운 영어사전 속에 낙서한 것을 지적하면서, "너는 불량 학생이니 다시 일본으로 돌아가서 산업전사로서 충성해야 한다."면서 그 책으로 뺨을 치기 시작했다. 오른뺨을 치고 이어 왼뺨을 치는 식으로 쉬지 않고 계속 치니 양 뺨에 불이 붙은 것같이 아픈데 눈은 감고 계속 맞으면서, '오냐 내 뺨은 네 것이다. 네 마음대로 쳐라. 너도 나 같은 자식이 있을 터인데 자기 아들이면 이렇게까지 때리지 않을 것이다.' 라고 생각하고 참았다. 우리 동포 아저씨라면 이렇게 하지 않을 터인데 나라가 없는 것이 서러워 눈물을 흘리니, 바로 옆에 머리가 홀랑 까진 놈이 앉아서 라디오 방송을 들으며 글을 쓰다가 "그만 쳐! 보내랏!" 하며 소리를 꽥 지르니, 이놈도 "이캐(가라)!"라고 큰 소리로 침을 뱉듯이 말했다. 나는 분노가 치솟았으나 그곳을 나오니 바로 앞 칸에 일본 군인들이 정장을 하고 총을 쥐고 앉아 있는 그들의 줄이 끝없이 길게 늘어진 그 맨 앞에 있던 한 분이 일어서면서 일본말로, "칙쇼(개새끼), 어린아이를 그렇게 때리는 놈이 어디 있어? 개보다 못한 놈!" 하며 눈을 흘겨 그놈을 쏘아보니 그놈도 쳐다보며 곧 싸울 것 같았다.

선실로 돌아오니 사람들이 가득하여 마치 콩나물시루 같았다. 거기에다 각각 몸보다도 굵은 구명 도를 가슴과 등에 끼었으니 간신히 앉아 비스듬히 몸을 기울여 잠이 들었는데 발이 여인의 사타구니에 닿고 젖가슴이 입에 닿아도 움직일 수 없어 그대로 잠들고 말았다. 이 배는 미군에게 섬들을 빼앗긴 일본군을 지원하기 위해 지나(중공)로 보내는 일본군 수송선! 그들의 목숨도 풍전등화였다.

얼마나 시간이 흘렀는지? 잠결에 뱃고동소리가 '궁궁' 하여 공습인가 걱정했는데, 부산 부두를 안개 때문에 못 찾아 신호를 하고 있었다. 그리고 반시간이나 지난 후 부산 부두에 도착했다는 방송을 하니 선객들은 일제히 환호성을 올리며 동그란 선창을 열고 밖을 내다보았다. 부두에 갓을 쓴 흰 두루마기를 입은 할아버지가 지팡이를 짚고 우리 배 쪽으로 걸어오는 모습을 보니 갑자기 눈물이 왈칵 쏟아졌다. 헌병에게 억울하게 맞아도 그때까지 눈물을 참았으나 그 할아버지를 보니 내 할아버지처럼 느껴졌기 때문이었다.

하선하여 10여 일 동안 고생을 함께했던 자들과 석별하고 가까운 우리 집에 먼저 오니, 또 한바탕 초상을 치렀다. 큰댁으로 달려가서 또 한 차례 초상을 치렀으나 나는 눈물이 나지 않았다. 임종 때 다 쏟았으니 더이상 흘릴 눈물이 없었던 것이다. 시집간 큰누님도 와서 슬피 우는 가운데 백부님의 눈에도 눈물이 가득했다. 백부님이 "부모 앞서 가는 자식은 자식이라 할 수 없다."며 뼈를 치우라고 하시니 누님과 나는 성수 형이 자주 가던 바닷가 바위에 올라가서 뼈를 돌로 잘게 쳐서 바다에 뿌렸다. 누님은 애절하게 울었다.

심성이 맑아 모두들 착하다고 면내에 소문난 형 최성수가 이렇게 끝날 줄 정말 몰랐다. 그가 좋아하던 맑고 푸른 바다는 오늘도 여전히 출렁이며 그가 살았을 때와 같은데…….

19
일본이 항복했다!

성수 형의 죽음으로 고향에 돌아올 때가 1945년 5월 해방 3개월 전이었다.

그때 우리나라에는 일본처럼 미군의 공습은 없었다. 간혹 사진을 촬영하려 한 대씩 올 뿐 고요했다. 그러나 일본의 압제는 더욱 심해져서 징병과 징용 그리고 정신대 등으로 자식들이 있는 부모들은 날마다 걱정이었다. 밥 먹다가도 딸이 붙들려갔고, 말 한마디도 거절 못 하고 눈물만 흘리니 거절하면 처벌받아야 했다. 양식과 밥그릇도 뺏어 가고 어린아이들은 솔가지를 따오게 하고 성씨도 바꿔야 하고 우리말도 하지 말고 일본말로 하라고 하니 웃기는 이야깃거리가 많이 생겼다.

미군들은 풍족한 물자와 고도의 기술을 갖춘 군 장비와 전술로 전쟁을 시작할 때 빼앗겼던 남양의 섬들을 도로 빼앗고 일본군의 보급로를 막았으니 섬에 갇힌 일본군은 먹을 것이 없어 바닷가에나 숲에서 동물이든 식물이든 먹을 만한 것은 다 먹고, 먹을 게 없으니 자기 전우도 잡아먹으면서도 항복하지 않고 자기들 나라가 다 뺏기면 우리나라로 또 지나(중공)까지 물러가면서 국민의 한 사람이 남을 때까지 싸운다며 '최후에 한 사람까지'라는 구호를 국민들에게 외치게 하며, 수차례나 항복하라고 해도 듣지 않으니 우리 국민들은 하루하루가 지옥 같았다. 나도 일본은 패전한다고 말했지만, 일본이 항복했다고 말하는 자를 미친놈으로 알았으니 그처럼 일본인들의 애국심(愛國心)은 절대적(絶對的)이며 세상의 권면도 참고(參考)도 듣지 않았다.

일본이 항복하던 1945년 8월 15일 나는 관동 못 둑에서 소를 먹이고 있으니 웬 사람이 하송리 방향으로 가면서 나에게, "일본이 항복했답니다."고 낮은 목소리로 말한 후 주위를 살피면서 달아나듯이 지나가니 웬 미친놈인가 싶었다. 그리고 조금 있으니 월포리 길에서 3~4명이 달려오면서, "일본이 항복했다! 대한독립만세!" 하고 껑충껑충 뛰며 목이 터지도록 소리치며 길가는 사람들마다 손을 붙잡고 미친놈처럼 뛰니 그때서야 참말인가 싶어 라디오를 찾아가서 방송을 들으니, "야만적인 미국 원자폭탄에 우리 국민들이 죽는 것을 더 이상 보고만 있을 수 없어 항복한다."라는 일본 천황 소화의 울먹이는 목소리가 들렸다.

전쟁을 시작할 때는, "짐은 미국과 영국에게 전쟁을 선포하노라!"고 의기양양하게 말하던 때와는 달리 울음이 섞인 목소리였다. 임금은 울고 있는데 우리 마을 사람들은 집집을 다니며, "만세! 만세! 대한독립만세!"를 외치며 얌전했던 아주머니도 병신 같은 자도 싸워서 말도 서로 안 하던 자들도 모두 손을 잡고 만세! 만세! 했다.

모든 것을 뺏기고 살았는데 이제부터는 우리 마음대로 살게 된다고 생각하니 너무 좋아서 미친 것 같았다. 일본인 과수원 주인 마주오카(松岡)는 어디로 가고 주렁주렁 탐스럽게 달린 능금들만 남아 있으니 아이들이 거침없이 들어가서 따먹고, 인심 좋다던 과자점 주인 고배씨, 초등학교 선생님들 등 모든 일본인들은 다 없어졌다.

양식이 떨어져 성구(聖九) 형과 나는 전라도로 쌀을 사러 차표도 없이 기차를 타고 갔는데, 화물차도 만원이 되어 지붕 위까지 하얗게 올라타고 가다가 터널 속에서 멈췄다가 다시 출발하면 기차의 석탄 연기로 온몸이 검둥이가 됐다.

얼마 안 되어 남한에는 미군 지프차가 쏜살처럼 달려와서 민주주의(民主主義)로 잘 살게 한다고 하고, 북(北)에서는 소련군이 점령하여 공산주의(共産主義)를 하면 배불리 먹게 한다고 하니 가난한 사람들의 귀를 솔깃하게 했다. 나부터도 쌀밥 한번 실컷 먹고 싶어졌다.

인민위원회(人民委員會) 간판을 내걸고 애국투사라는 이대일 씨를 위원장으로 내세웠고, 곧이어 3·1운동 때 투옥됐던 김기성 씨가 애국독립촉성회(愛國獨立促成會) 간판을 내걸고 우리 교회 박장동(朴章東) 목사님을 회장으로 하여 미국과 소련, 민주주의와 공산주의의 대결이 시작됐다.

5~6월의 삼복(三伏) 더위에 땀을 흘리며 서숙 밭을 매고 있으니 어디선가 테너의 아름다운 목소리로, "날아가는 까마귀야 시체 보고 울지 마라. 몸은 비록 죽었어도 혁명정신 살아 있다……"고 노래하는 공산주의 혁명가가 들려왔다. 넓은 들녘에서 누가 부르는지 알 수 없지만 바로 옆에서 부르는 것처럼 솔솔바람을 타고 똑똑하고 넓게 퍼지며 한 번만 들어도 부를 수 있는 쉬운 곡조에 죽는 것을 멋지게 표현한

가사가 내 귀에 들어왔다. 우리 또래들 중에는 중학교에 다니며 유족한 자들의 남녀가 모여 불륜을 저지르면서, 때로는 들녘으로 장소를 옮겨가며 공산주의 세뇌교육을 해도 나같이 천한 자는 알리지 않으니 어디서 무얼 하는지 알 수 없었다. 촉성회 서기 김을만(金乙萬, 水利組合書記) 씨, 등사(謄寫) 일에 취미가 있었던 나는 박 목사를 따랐고 박동출 집사의 경고는 들은 척도 안 했다(인민위원회 간부).

그는 우리 교회 장립집사로 내가 어린이로서 정당 일을 할 수 없다고 경고하더니 11사건 이후 행방불명되고, 그의 착한 부인마저도 마을을 떠났다.

20

해방 첫해의 성탄절

갑자기 해방이 되니 마을 사람들은 기뻐서 밥 먹는 것도 해가 지는 것도 모르고 이웃집으로 가서 만세, 만세를 외치며 기쁨이 넘쳤다. 나 역시도 미친 사람 같았다. 해외로 망명 갔던 애국지사들이 한 분씩 돌아오면서 기쁨은 더했다. 모든 기관에 우리 겨레들로 채워지며 압박에 시달리든 교회들은 앞서 부흥하기 시작했다.

우리 덕성예배당 교회는 변성학 집사님이 유년부장이 되고, 나는 유년주일학교에 오래 다녔다고 하여 서기가 됐다. 변 집사님은 기쁜 마음으로 길을 갈 때도 찬송가를 불렀지만 동요를 부르면 나는 더 즐거웠다.

"먼 산에 진달래 울긋불긋 피고,
보리밭 종달새 우리 우리 노래하며

아득한 저 산 넘어 고향 집 그리워라

버들피리 소리 나는 고향 집 그리워라"

나는 그 동요를 들으면서 흥겨웠고 그는 부르면서 즐거웠다. 그는 대구동산병원에서 근무하면서 또 어린이들을 가르쳤고, 우리 교회에서도 그해(1945년) 11월 1일부터 성탄 축하식을 준비했다.

그때까지 일본말만 하라고 강요당했기 때문에 우리 동요를 알지 못했던 시골 어린이들은 동요를 배우려고 교회로 와 저녁마다 예배당은 아이들로 꽉 찼다. 모이기만 하면 장난을 치지만 변 집사님은 한 번도 야단치지 않았다. 언제든지 앞에 서기만 하면 조용해지고, 특히 풍금 반주 솜씨가 훌륭하여 어린이들이 무대 위에 오르내리면서 무질서했는데, 걸어가고 절하는 등 모든 동작을 풍금 반주에 맞추어 움직이게 하니, 아이들은 배우려고 애를 쓰며 떠들지 않고 조용해지며 질서가 있으니 교회가 즐거워졌다. 추운 날씨에도 먼 밤길을 걸어서 10리 길을 오고 가는 어린이들도 많았다.

이들의 열심이 청년들을 감동시켜 청년들도 '애굽의 밤'이라는 성극을 연습하기 시작했다. '애굽 관리'역을 맡은 김경식 집사님은 낮에는 태산에 올라가서 나무를 하는 등 고된 일을 하고도 먼 청계리(10리)에서 날마다 출석했다. 그러나 '애굽의 밤' 연극의 애굽 나라의 관리 역을 맡아, "이놈들아! 빨리빨리 못 할까!"라는 한 마디가 말해지지 않았다. 말은 할 수 있지만 '이놈들'이라는 욕을 할 수 없었던 것이다.

그의 순박하고 겸손한 신앙생활을 했기에 남을 욕해본 적이 한 번도 없는데다 욕을 듣는 이스라엘 노동자 역을 맡은 김유완, 최성구 두 사람을 평소에 존대했기 때문에 용기를 내어도 욕이 안 나오고 겨우, "이 사람들아……" 고 말하니 지도하던 박재길 선생이 몇 번이나 욕을 하라고 지도해도 못 하니 "안 되겠습니다. 다른 분으로 바꿔야겠습니다."고 말하자, 김 집사는 다급하여 "자자 잠깐만…… 이제부터는 자신 만만합니다."고 말한 후 기침을 한 번 크게 하더니, "야 이놈들아!" 하고 벼락같은 소리를 내며 사정없이 이스라엘 노동자인 김유완을 채찍으로 내리치니, 그는 "아얏" 비명을 지르며, "나 그만 할래요."라고 말하고 집으로 가버렸다. 이 광경을 보고 있던 자들은 모두 눈물이 나도록 웃어댔다. 김 집사가 그의 집으로 가서 유완 씨에게 잘못했다고 꿇어앉아 빌어서 다시 시작됐으나, 이 모양을 보고 있던 자들은 "일류 배우라도 이렇게 웃길 수는 없을 게다."고 웃어댔다.

나는 '애굽의 밤' 성극에 배경을 그려 붙이려고 시장에 가서 한지(韓紙)와 물감을 사 와서 비(집에서 쓰던 수수비)에 묻혀 나일 강 푸른 물결과 성냥 통 같은 집과 야자수 등을 그려 무대 뒷벽에 붙였더니 정 장로님이 보시고, "우리 교회 화공이 났다."고 칭찬하셨다.

24일 밤, 유년부와 청년부가 함께 총연습을 하고 나니 12시가 훌쩍 지났다. 나는 피곤하여 난로 옆에 쪼그리고 있다가 자버렸다.

25일 새벽 3시부터 새벽 찬양이 시작되니 잠잘 겨를도 없었다. 그런데도 10리나 되는 밤길을 자기 집에 갔다 오는 아이들도 있었다. 교회 근처의 교인 가정들을 찬양하고 나니 힘이 빠져 드러눕고 싶은데 김경식 집사는 자기 집에 가야 된다며 붙잡고 늘어졌다. 10리나 되는 산 밑에 있는 청계리 마을로 논길을 걸어가려면 산 위에서 불어오는 찬바람에 손과 귀가 무척 시려울 텐데도 아무도 거절하지 않고 갔다.

김 집사 집 사립문 앞에 와서 20여 명의 대원들이 늘어서서 정덕술 선생의 '기쁘다 구주 오셨네' 나팔(트럼펫) 반주에 맞추어 북(마을 농악용)을 둥둥 치며 합창하니 고요했던 산촌 마을의 개들이 놀라서 일제히 짖어대고, 김 집사의 사랑방 창문에 불이 켜지더니 두 여인의 꼬장주(잠옷) 차림의 그림자가 동(東)에 갔다 서(西)에 갔다 분주히 설치더니 한 사람은 요강을 들고 우리에게로 와서 한참 서 있다가 도로 들고 들어가니 우스워서 찬양을 못 하고 주저앉아 킬킬 웃어대는 대원도 있었다. 그래도 대원들을 사랑방 구들목에 들어오라고 하여 따뜻한 감주와 떡을 내놓았다. 모두 맛있게 먹고 따뜻한 구들목을 떠나고 싶지 않았으나 다시 추운 바람을 맞으며 돌아오니 어느덧 동녘은 불그스레한 미명(未明)이었다.

마침내 성탄축하의 밤이 왔다. 예배당으로 들어오는 관객들이 초저녁부터 들어오기 시작하더니 발 디딜 틈도 없이 꽉 차서 들어가지 못한 자들은 바깥 창가에 늘어서서 안을 들여다보려고 창문을 여니 안에서는 춥다고 닫고 밖에서는 열고 하다가 창유리가 빠져나와 떨어져 쨍그랑 소리를 내며 깨졌다. 창문 밖은 자리다툼이 시작됐고 예배당 안에도 비좁다고 서로 다투는 자들도 있었으나, 변 집사님의 사회로 예배는 조용히 끝나고 축하순서가 시작됐다. '교가'를 시작으로 '목장의 저녁', '당 나귀', '낙화암' 등 우리말 동요의 합창과 독창과 병창들이 변 집사님의 풍금 반주로 행진과 경례 등 모든 동작을 맞추니 관람자들은 숨소리도 안 내고 조용해졌고 힘찬 박수가 쏟아졌다. 유아들의 율동 '별 삼형제(날 저무는 하늘에 별이 삼형제)'에 반해버린 어떤 아주머니는 나이도 많아 보였는데, "나도 조런 아기 하나 더 낳아야겠다."

고 말했다. 그녀가 탐스러울 만큼 아기들 셋의 차림이 찬란한데다 셋이 하나같이 동작하여 선생들도 잘 가르쳤지만, 우리말 율동을 처음 보았고 옷차림도 그때 처음 보는 선진국의 아이들을 닮은 차림이어서 더욱 예뻐 보였던 것이다.

청년들의 '애굽의 밤' 성극 순서가 다가오면서 김 집사가 또 무슨 객광스러운 짓을 할까 걱정했는데 오히려 무뚝뚝하고 순박해 보인 면이 애굽 관리답게 보였고, 이날은 실수하지 않고 멋지게 하여 일류 배우라고 칭찬했다.

끝으로 강영생 누나의 '파사 성' 독창과 박재길 선생의 '나일 강' 독창은 '애굽의 밤' 성극을 한 번 더 되새기게 하여 관람자들은 끝나도 가지 않고 멍하니 무대만 보고 있으니, "끝났습니다! 끝났습니다!" 하고 거듭 말하여 그때서야 일제히 우르르 나가니 출구가 막히는 등 대혼란을 일으켰다.

21
북세

8 · 15해방을 맞이한 우리나라는 급속도로 발전해갔다. 우리 덕성리 예배당 교회에서 고생하시던 박장동 목사님은 도쿄 청산학원 출신으로 실력 있는 목자로 알려져서 도시 교회로 청빙되어 가시고 그 빈자리를 교인들이 나누어 사역하게 됐다.

정우용 장로님은 설교를 맡고 최복영 집사(가친)는 공과공부와 지교회 인도와 종치기, 변성학 집사는 유년부 부장, 청년들은 모두 유년부와 청년회에 봉사했다. 설명도 집사(대구 범어동교회 담임목사)는 마룻바닥을 닦으면서도 감사하며 눈물을 흘렸고, 김경식, 윤무원 두 집사는 태산에 올라가서 나무를 가득 지고 와서 사무실을 따뜻하게 했다. 저녁마다 청년들이 모여서 신앙토론을 하다가 함께 자고 새벽이 되면 기도하고 집으로 돌아가서 일하고 저녁에는 또다시 교회에 모였다. 새벽기도의 종은 언제나 정한 시간에 울렸고 정우용 장로님의 새벽기도

소리도 정한 시간에 방언으로 높게 들렸다. 새벽기도에는 사회자도 설교자도 없지만 제각기 정성을 다한 기도가 계속됐다.

그날 저녁은 윤 집사의 형이 우리 모임에 참석했는데 그는 해방 전 만주에서 독립군에 있다가 국방경비대에 입대했다고 소개했다. 특별한 분을 만나니 그날 화제도 특별하여, 나라가 갈라져서 전쟁이 일어날 것 같다고 걱정하다가 《정감록비결》에 '북세'라는 말이 있는데 그 뜻은 북쪽의 세력이 우세하여 남한을 이긴다고 해석하는 사람이 있다고 말하자, 그다음 말을 하는 자가 없어 모두 침묵으로 시간이 흘러갔다. 소련을 배경으로 한 북한이 우세하면 남한과 교회가 없어진다는 것이다.

나는 그들보다 나이가 어려서 늘 뒷전에서 그들의 청산유수처럼 이어지는 말을 듣기만 했는데, 이날은 대화가 끊어져 갑갑하여 "북한이 부산까지 쳐들어와도 하나님이 남한을 이기게 할 것입니다." 하고 나도 모르는 말이 당돌하게 튀어나왔다.

그 후 얼마 안 가서 6 · 25가 나고 인민군은 포항까지 쳐들어오니, '북세'란 말이 이루어진다고 믿는 지식인들이 많이 공산주의자가 됐는데, 유엔군이 인천에 상륙하여 반격함으로 '북세'는 '허세'가 되고 말았다.

내가 군에 입대할 때는 포항까지 인민군이 쳐들어왔을 때였다. 입대하여 북진하면서 내가 알지도 못하고 한 이 말은 두고두고 되새겼다.

22
두 번째 행복

1940년대에 우리나라는 학교가 적고 수업료를 내야 하기 때문에 성구 형은 돈 안 드는 야학교를 다녔다. 형은 그곳에서 항상 1등이었다. 내가 자고 있으면 형은 공부를 끝내고 밤늦게 돌아왔다.

교회에도 열심히 다니며 유년부를 가르치고 청년면려회에도 참여하여 특별찬양 4부 합창 베이스 파트를 맡아 찬송가, '주를 앙모하는 자'를 집에서도 연습한다고, '올라가…', '올라가…' 하고 걸어 다니면서도 부르니, 나는 '내려가', '내려가' 하며 놀렸다. 그 당시는 4부 합창을 몰랐는데 발표하는 날 듣던 교인들은 모두 박수를 치며 칭찬했다. 형은 훤칠한 키에 미남이며 친구들에게도 인기였다. 교회에서 가장 예쁜 누나가 나에게 와서 형이 어디 있느냐고 가끔 물었다. 그래서 아버지가 혼담을 하니 그의 아버지는 거절했다. 바로 이때 허 과부 사건으로 울 엄마는 교회에 나가지 않았을 때였다. 그런 어느 수요일 형과 나는 저녁 예배를 마치고 집으로 나란히 돌아오는데 건너 땅에 왔을 때, 형이 "나는 오늘이 교회 마지막 날이다. 돈을 벌어야겠다."고 말했다.

초저녁에 교회에 갈 때는 마을 집집마다 창문에 불이 켜져 온 마을이 밝았는데 지금은 다 꺼지고 두세 집만 외로이 남아 어두운 골목길을 묵묵히 걸어 집으로 와서 이불을 덮고 누우니 눈물이 솟아올랐다.

야학교에 가고 혼담이 거절당하고 울 엄마마저 교회를 그만둔 것, 모두가 가난 때문인 줄 알고 교회도 버리고 돈을 벌어야겠다고 결심한 형이 가여웠다.

그 후 울 엄마는 장바닥에서 중매자의 예쁘다는 말만 듣고 며느리를 봤으나 시집온 지 두 달이 못 되어 도망가고 "내일 아침 8시에 나오라." 라고 인쇄하듯이 잘 쓰여진 쪽지만 방바닥에 떨어져 있었다. 형은 분노하고 울 엄마는 울고 있으니 유랑극단 단장 박 씨가 와서, "성구 엄마요, 그따위 것은 파출소에 도난(盜難) 경을 내면 내일 아침이면 찰까닥 잡혀옵니다. 걱정할 것 없어요."라고 말하니 당장 파출소에 신고하고, 또 마을 청년들도 형을 따라 찾아 나섰다. 그때는 남북이 갈라지지 않았으니 평양까지도 가서 찾아오라고 여비를 주어 보내니 우리 집에는 돈도 양식도 떨어지고 먹으려는 자도 없고 밥을 하는 자도 없었다. 초상집 같았다. 이때 나는 일본 책을 읽으니 "사람의 제일 되는 행복은 나지 않을 것이요. 두 번째 행복은 빨리 죽을 것이라."는 내용이었다. 그래서 죽으려고 일어나 숫돌에 칼을 갈았다.

칼을 갈면서 언젠가 목사님이 자살하면 지옥 간다고 설교했는데, 그 말이 성경에 있는가 찾아보려고 방에 들어와 성경을 읽다가, 어느덧 해가 지고 울 엄마가 돌아오시며 사립에서, "찾았다!"고 큰 소리로 외치셨다. 문을 열고 보니 청년들도 들어오고 이어서 보따리를 끼고 고개를 수그린 형수가 들어왔다. 형은 방에 들어가서 형수를 치더니 그다음 날 해질 무렵 친정으로 보냈는데, 두 달이 지난 후 그녀의 모친이 갓난아기를 업어다 주며, "우리 딸은 이 아기를 낳은 후 고대 죽었소." 하고 물도 대접할 사이 없이 되돌아갔다.

아기는 잘생겼고 건강했다. 울 엄마는 마을에 아기 어머니들 집집을 다니며 젖동냥을 해 오고 아구죽, 연유 등 정성을 다하여 9개월을 양육했는데 차츰 눈동자에 고름이 났으나 의사에 치료를 받으면 곧 나을 줄 믿었다. 그날도 여동생이 업고 놀다가 이상하다며 집으로 돌아왔는데 업힌 채 죽어 있었다. 팔은 벌써 굳어져 권투선수가 상대를 치려는 모양을 하고 있었다.

23
11사건

해방은 삼천리 방방곡곡의 청소년들을 배우고 싶어도 이루지 못했던 학구열에 불타게 했다. 나는 그때 우리 교회 박장동 목사님의 추천서로 대구 신천동에 박재석 목사님이 설립한 기독교 농민학원에 등록하게 됐고, 담임선생님의 추천으로 경북여고 소동열 선생의 '기독공보'를 배달하며 때로는 대구제일교회에서 개최하는 경북노회 사무를 돕기도 하니, 동문교회 이여진 목사님이 나에게 교회 사택에 기거하면서 교회 일을 도와달라고 당부했다.

대구 11사건이 나던 날도 나는 까맣게 모르고 '기독공보'를 배달하고 있으니 사범대학생들이 짚신을 신고 질서 있게 4열로 줄을 지어 시내를 달려가고 먼 데서 나던 총소리가 점점 심해지며 비행기도 날아왔다. 배달하던 신문을 빨리 돌리고 숙소로 돌아오니 기네마 극장 옆 작은 골방인 나의 숙소 앞 골목에서 눈만 보이고 전신을 가린 검은 옷을 입은 건장한 복면의 사나이들 7~8명이 웬 신사복을 입은 한 사람을 붙들고 와서 개 잡듯이 몽둥이로 툭탁툭탁 두들겨 순식간에 죽이고 간 후 검은 승용차가 와서 시체를 싣고 가니 무서워 떨렸다. 죽은 자리에는 검붉은 피가 도랑으로 흘러내리고 있었다. 또 거기서 멀지 않은 대구역 앞에서는 폭도가 순경을 도끼로 머리에서부터 하체로 내리쳐 몸이 두 쪽이 났다는 소문을 듣고, 나는 몸서리치면서 고향 집으로 내려와버렸다.

그 후 여동생과 조카 두 아이가 보름 동안에 죽으니 온 가족이 살맛을 잃어버렸다. 나는 슬픈 마음을 잊어버리려고 계속 잤다. 꿈속에는 아주 화창한 날, 봄 동산에서 아득히 먼 곳에서 나에게로 날아오는 흰 나비를 보고 있으니 나풀나풀 날아 내 머리 위에 와서 맴돌다가 하늘에서 붉은빛이 비치어 모두 빨간 나비가 되어 먼 곳으로 날아갔다.

꿈을 깬 후 무슨 뜻인지 모르면서도 마음이 울적했다. 빨간색은 기분이 좋지 않았고 후회가 됐으나 15일이 훌쩍 지났으니 다시 대구로 올라갈 면목이 없었다. 그때 그 목사님들과 부족한 나를 칭찬하시던 담임선생님 그리고 교육도시 대구가 잊혀지지 않았다.

24

욕쟁이 할머니

그때 우리 국민들은 해방됐다고 모두 기뻐했는데 우리 가족들은 형수, 조카, 여동생 등이 연달아 죽으니 모두 슬픔에 잠겨 들어 누어버렸다. 밥을 먹을 사람도 없고 할 사람도 없었다. 집안은 죽은 듯이 고요했다. 모두 죽으려는가 싶어 걱정했는데 울 엄마가 먼저 일어나서 "부모 앞서 죽는 자식은 자식이 아니다. …… 악물의 짐승이다. 잊어버려야 한다."고 하시고 이때부터 생선을 이고 이 장 저 장 다니던 장돌뱅이 장사를 끝내고 마른오징어와 미역을 동해바닷가 마을에 가서 사서 서울 남대문시장 화성상회에 팔았다. 처음에는 한 짝씩 하다가 점점 많아져서 GMC로 여덟 차씩 사서 팔았다. 울 엄마는 물건 값은 수판으로 계산하는 자보다 빠르게 암산으로 해도 정확하여 잘못 계산하거나 속이려는 자에게는 느닷없이 욕을 해버리니 혹부리 할머니로 알려졌는데 욕쟁이 할머니로 바뀌었다. 글이 능통하지 못해 적을 수 없어도 그들의 이름과 돈의 액수가 정확하며 동해안의 강구부터 삼척까지의 모든 어촌 이름과 큰 배가 있는 자들 이름을 다 기억했다. 가난한 자의 물건 값은 후하게 주고, 한 차례가 끝날 때마다 막걸리로 대접하며 호걸처럼 웃기기도 하니 욕쟁이라도 올 때를 기다렸다. (울 엄마는 외상으로 미역과 오징어를 가지고 팔아서 그 값을 주었다.)

엄동설한 캄캄한 밤에 마른미역과 오징어를 여덟 차에 나누어 실고, 울 엄마는 마지막 차 위에 올라앉아 99고개를 넘었다. 그 한 고개 한 고개마다 아슬아슬한 고갯길에 자칫 잘못되면 수십 길 낭떠러지에 떨어질 수도 있다. 그런데도 울 엄마의 상품을 운반하던 운전사들은 수없이 있었는데도 한 번도 사고가 없었다. 단 한 번 있었는데 99고개 초입에서 뒤집혀도 울 엄마는 미역 위에 올라앉아 미역에 덮여 크게 다치지 않았다. 보통사람이면 입원했겠지만 울 엄마는 아파도 눕지 않고 일하면 낫는다고 말씀하셨다.

평생 나는 한 번도 울 엄마가 아파 들어 눕는 것을 보지 못했다. 한번은, 울 엄마가 “내가 감기가 들었는가, 몸이 찌뿌둥하네?”고 말씀하시니, 나는 한약을 지어오니 벌떡 일어나시면서 “누가 시키지도 안 했는데 사 오느냐!”고 고함을 치시며 약봉지를 거름에 던져버렸다. 춥고 어두운 밤 99고개를 다 올라갈 즈음에 차는 힘이 드는 듯이 약한 소리를 내며 한 발짝 한 발짝씩 오르니, 울 엄마는 겁이 나서 “하나님이요, 나는 이것을 팔아야 아이들과 먹고삽니다.”라는 기도가 저절로 해지더라고 하면서, 교회도 나가지 않으니 떳떳하지 못하여 기도의 끝맺음이 나오지 않았지만 하나님은 내 형편을 다 아실 줄 믿어지더라고 말했다.

이러한 때에 나는 깊은 밤중에 아버지의 울음 섞인 기도소리에 잠이 깼다. "주여! 내자를 불쌍히 여겨 주소서! 가난한 나에게 시집와서 온갖 수모와 고생을 겪습니다."라고 울음이 섞인 고음에 내 속을 도려낼 듯하여 잠이 깼다. 어둠 속에 아버지는 무릎을 꿇고 머리를 방바닥에 대고 기도하고 계셨다.

울 엄마는 바다에 빠져 죽을 뻔한 사고를 겪은 후, '밥을 빌어와서 죽을 쒀먹더라도 굶지 않게 할 터이니 바다를 떠나자.'고 아버지에게 간청한 책임과 가난하다고 업신여김을 받아 느닷없이 뺨을 치는 자를 이기려면 나도 부자가 되어야겠다는 생각에 그 모든 고생길을 물러서지 못하신 것이다. 울 엄마의 마을친구들은 울 엄마를, "치마를 둘렀으니 여자지, 어디 여자냐? 사나이 대장부라도 그를 따를 수 없다."고 말했다.

25
인민군이 쳐들어왔다

11사건은 내 영혼에 큰 충격을 주었다. '일본군은 배가 고파 전우를 잡아먹었다고 하지만, 어떻게 동족을 개처럼 몽둥이로 때려죽일까?' 그 참상으로 인하여 나의 인생 만사를 포기하고 울 엄마, 아버지의 사랑의 보금자리로 와 버렸으나 인생은 간단히 끝나지 않았다. 허구한 날들이 오고 오니 그때 나를 격려해주시던 분들을 아쉬워하며 또다시 공부해야겠다는 생각이 들어, 경동노회 고등성경학교를 수료하고 죄악을 더 많이 알고자 일반사회를 배우는 문화중학교로 편입했다.

1950년 6월 26일 2교시가 끝나고 쉬는 시간에 나는 교실에서 노트 정리를 하고 있는데 교정에서 놀던 아이들이 교실로 뛰어오면서, "인민군이 쳐들어왔다!"고 고함쳤다. 담임선생님을 찾으니 흥분된 어조로, "인민군이 남침한 것이 확실하니 집으로 가라."고 말씀하셨다.

학도호국단 간부회의를 하고 모두 군에 지원입대 서명날인을 하고 헤어졌다. 기차를 타려고 역에 가니 기차도 운행하지 않았다.

그때 마침 역 앞을 지나가는 트럭에 얼른 탔다. 그 트럭이 안강을 지날 때 함께 탔던 순경이 차를 세워 내리면서 "빨리 내려!" 하며 고함을 지르니, 15~16세가량의 작은 아이가 "살려 주시오." 하고 두 손을 싹싹 빌며 애원하면서 일어나는데 머리는 깎지 않아 길고 짚신을 신었는데 떨어져 새끼로 감아 놓았고, 세수도 안 한 얼굴에는 때가 끼고 손발은 까마귀 발처럼 검고 터 있었다. 차에서 안 내리니 순경이 "빨리 내려라! 네가 좋아하는 저 산에 가면 놓아준다. 어서 내려오라!"고 애원하니, 그때서야 힘없이 내리면서 거적때기를 등에 걸치고 순경을 따라 산으로 올라가더니 소나무 숲 속으로 들어간 지 얼마 안 되어 총소리가 났다. 그 후 순경만 내려와서 차를 타니 차는 출발했다. 차에 함께 탄 노인 한 분이 "그게 병아리 같은 게 뭘 아나? 그만 살려주지." 하며 처량하게 순경을 쳐다보니, 순경은 "할아버지! 나도 저런 동생이 있어요. 살려주고 싶어도 할 수 없어요. 저 아이들이 처음 붙잡혔을 때는 절대로 안 그러겠다는 다짐을 받고 용서하고 놓아주었는데 또 사람들을 죽이고 돌아다니다가 두 번째 붙들렸어요. 지금 이 근방에는 저런 아이들(인민군 첩보병)이 꽉 깔렸으니 조심하세요." 하고 말했다.

26
딱 콩 총소리

그때 나는 포항 기차역 앞 중앙시장에서 건어물 가게를 하는 울 엄마와 형과 함께 살면서 통학했다. 인민군이 점점 더 남침한다는 소문을 듣고 학도호국단에서 군에 지원한 데로 간다고 말했더니 울 엄마는, "아이고, 이놈아! 네가 총 쏠 줄 아나? 총 잘 쏘는 국군들도 이북 총에 맞아 죽는데 총 맞아 죽으러 가느냐!"고 얼굴을 붉혀 성을 내셨다. 형은 조용히, "청하 집에 아버지를 모시고 와야겠다."고 말하니 "가만둬라! 다 죽어가는 영감, 피난길에 객사시키려느냐? 그냥 집안에서 죽는 게 더 낫다. 너희 둘이나 살아야 한다. 꼼짝 말고 남으로 피난 가야 한다."고 말씀하시고 더 말을 못하게 하셨다. 곧 인민군이 포항에 쳐들어온다는 소문이 퍼지자 시민들은 걱정이 되어 '피난을 가야 하나?', '다른 사람들은 어떻게 하나?' 등을 알려고 애쓰는 자들이 큰길가에 있는 집들의 치마 밑에서 모여 안절부절하며 주위를 살피는 눈빛이 초저녁의 밝은 전등 불빛에 반짝거려 공포 분위기는 더해갔다.

마침내 보따리를 실은 차가 한 대 남으로 가니 피난 가는 차로 알고 모두 "우리도 가자!" 하며 집 안으로 우르르 들어갔다. 우리도 집에 와서 보따리를 쌌다. 가게 마루 밑, 큰 독 안에 남아 있던 양식과 내가 가장 좋아하는 손풍금과 교과서, 앨범 등을 차곡차곡 넣고 형의 큰 성경책을 내 배낭 속에 넣으니 형이 뺏으며, "인민군이 보면 큰일 난다. 넣지 마라."고 했으나 나는 수호신처럼 그 큰 성경전서를 내 피난 보따리 속에 넣었다(그 책은 성구 형이 산 것이었다).

그때 확성기로 방송하기를, "시민 여러분 포항시청에서 알려드립니다. 피난 가야 할 때가 되면 시청에서 알려드리겠으니 이 밤은 안심하시고 주무십시오."라고 방송하니, 의심스럽지만 밤이 깊어 싸던 보따리는 다 싼 후 될 대로 되라는 생각으로 잠을 잤다. 밤이 늦도록 고민한 탓인지 울 엄마와 형은 눕자마자 코를 골며 자는데 나는 군에 입대하지 않은 죄책감과 이 생각 저 생각으로 잠이 오지 않았다. 그러다가 막 잠이 들었을 때, '딱 콩' 하는 소리가 났다. 그 총소리는 붉은 악마가 날아오는 것 같았다. 잠이 확! 달아나며 정신이 곤두섰다. 다시 두 번째, 세 번째 '딱 콩' 하며 이어져 인민군 총소리가 확실한 줄 알고, "엄마! 인민군이 왔다! 일어나아!"고 외치니 울 엄마는 일어나면서부터 덜덜 떨며 이리 갔다 저리 갔다 할 뿐 정신이 없는데, 형은 일어나자마자 잽싸게 배낭을 메고 골목길로 뛰어갔다. 나는 침착해지며 형이 어머니를 두고 자기 혼자만 가는 것은 잘못이라고 생각하고 배낭을 메고 울 엄마 손을 붙들고 나서니 총소리가 더 요란하며 총알이 옆집 벽을 뚫는 소리가 '삐융 부씩 부식' 나니 앞서 달려가던 형이 서서 내 쪽으로 뒤돌아보며, "빨리 왓! 빨리 왓!" 하며 손짓하다가 양손으로 자기 머리를 감싸고 자기가 서 있는 길보다 얕은 작은 도랑에 머리를 넣으려다가 안 되니 앞으로 다시 달려가는데 그 모양이 위급한 중에도 우스웠다.

큰길로 달려가니 여러 골목에서 달려온 자들이 합쳐져서 죽을힘을 다하여 오느라고 숨을 헐떡거리며 개처럼 입을 벌리고 남쪽으로 가니, 기차역 큰길 한가운데서 사복한 인민군이 교통정리를 하며 북쪽으로 가라고 길을 막았다. 모두 뒤돌아서 북으로 가다가 북쪽에는 인민군이 있으니 동쪽으로 가자고 달려가면서 맨 앞의 몇몇 사람들이 의논하여 가니 모두 따라갔다. 그 길은 해도로 가는 길인데 해도에 이르면 길이 끝나고 바다가 나오지만 거기서 바닷가 모래사장을 따라 남쪽으로 가리라고 생각하고 모두 선두를 따라 달려갔다.

해도에 못 미쳐 나무다리 앞에 왔을 때 '이 많은 사람들이 좁고 썩은 나무다리를 모두 넘어 갈 수 있을까?' 하며 걱정하면서 달려가니 형은 다리 한가운데서 우리를 돌아보며 '빨리 왓! 빨리 왓!' 하며 손짓한 후 또 혼자서 휑 달려갔다. 나는 울 엄마 손을 잡고 끌다가 점점 늦어져서, 오른팔로 울 엄마의 몸을 감싸 안고 힘을 다하여 끌었는데 울 엄마는 숨을 가쁘게 쉬느라 입을 벌린 채 얼굴과 눈은 하늘을 쳐다보며 간신히 끌려가는데 총소리가 연발하더니 울 엄마의 뒷발꿈치에서 한 뼘 뒤에 총알 10여 발이 톡톡 땅에 박히며 흙이 튀었다. 울 엄마는 "아이고 내 신, 내신" 하며 비명을 지르셨다. 뒤돌아보니 울 엄마의 흰 고무신 한 짝이 벗겨져 7~8미터 뒤에 있는데 주어오려면 총에 맞을 것 같고 그냥 가려니 엄마가 더 늦게 걸을 것 같아 '이럴까, 저럴까?' 생각하다가 빨리 주워올수록 유익하다 싶어 뒤돌아가 주어와서 엄마에게 신

겨드리고 다시 뛰었다. 힘들게 다리를 다 지나 형만 따라가니 다리가 끝난 곳에서 국군 몇 사람은 논으로 도망치고 남은 자들 7~8명은 그곳에 서 있는데 그중의 한 사람이 그들에게, "김 하사! 총을 버려! 최 하사! 계급장을 떼라!"고 큰 소리로 지시하니, 그들은 각각 "옛!", "옛!" 대답한 후 그대로 뛰어갔다. 지시하는 자는 국군 복장이지만 계급장은 안 보였다. 그의 옆에는 사복한 인민군이 그들에게 길을 가르쳐주고 있었다. 그 사복 차림의 인민군은 포항으로 쳐들어오려고 수도산까지 진격한 인민군과 연락하며 국군들이 신속하게 포항 시내에서 후퇴하게 하려고 적군(아군)이라도 길을 가르쳐주어 빨리 포항을 점령하라는 상관의 작전계획에 충성을 다하는 모양이었다.

미군 한 사람은 그들의 지시를 따라 군복을 홀랑 벗고 팬티 하나만 입고 도망치는데 몸이 비대하여 뒤뚱뒤뚱 달려가니 살 수 있을까 걱정스러웠다.

우리는 바닷가까지 가서 남쪽으로 향하여 걸었다. 그때서야 울 엄마를 잡고 굳어진 손을 놓을 수 있었고 안도의 한숨을 쉬었다.

그날에 포항 앞바다는 맑은 하늘 아래 잔잔한 파도만 찰싹거릴 뿐 조용하고 앞뒤를 봐도 그 많은 피난민은 간데없었다. 꼭 별천지에 온 것 같았다.

나중에 알고 보니 해도다리를 넘어설 때 또 교통정리를 하는 자(사복 인민군)가 모든 피난민을 북쪽으로 쫓았는데, 우리가 남으로 온 것이 참으로 놀라운 일이었다.

우리 식구 셋은 그지없이 편하게 남으로 바닷가 모래사장을 걸어가는데 15세쯤 보이는 소년의 시체(인민군 첩보병)가 누워 있고 조금 가니 소처럼 큰 시체가 바닷물에 밀려 왔다 갔다 하는데 자세히 보니 미군이었다. 우리 동족이든 미군이든 그 어머니가 저 모양을 보면 얼마나 슬퍼할까? 나는 보기 싫어 빨리 지나갔으나 그다음에도 또 시체가 모래사장에 누워 있었다.

바닷가 모래사장은 좌측으로 구부러지고 우측에서 오는 길이 내 앞에서 90도로 굽어져서 우리 앞길은 직선으로 넓게 펼쳐져 '어서 오십시오.' 하고 환영하는 듯했다. 우리는 얼른 그 길로 들어서니 잘 다듬어져서 먼 곳까지 직선으로 뻗어 있는데, 그 먼 곳에 키가 큰 신사 한 분이 걸어가는 뒷모습이 어디서 본 것 같아, 몇 번이나 다시 보면서 누굴까? 하고 생각해봤다. 그는 땅만 보고 하염없이 걸어가고 우리는 빨랐는지 점점 가까워지니 뒤에서 봐도 오 조사가 틀림없었다. 그는 우리를 원수같이 여길 터인데, 원수는 외나무다리에서 만난다는 말이 생각났으나, 전쟁 중에 무사하니 반가워서 빨리 그 옆으로 가서 "아이고 장로님. 안녕하십니까?" 하며 인사를 했다. 그는 힘없이 "예." 하고 어머니를 보고 "당신은 복도 많소. 이 난리 통에 아들 둘을 다 데리고 왔네요……. 나는 저 불구덩이 속에 자식 놈들 다 두고 나 혼자 산다고 나오고 있소……." 하며 그가 지팡이로 가리키는 곳에서는 검은 연기가 활활 솟아오르며 함포 소리도 간간이 들려왔다.

우리가 그와 발걸음을 같이하여 발산에 도착했을 때는 해가 감나무 가지 사이로 저녁노을을 비치고 있었고, 싸늘한 바람이 불어왔다. 서둘러 잘 곳을 찾으니 동민들이 어떤 재실을 가르쳤다. 잘 곳을 얻은 후 오 조사가, '닭옴밥(닭죽)'이 먹고 싶다면서 돈을 내어놓으니, 형이 마을에 가서 검고 노란 살진 암탉 한 마리를 사 들고 와서 울 엄마가 쌀을 넣고 옴밥을 정성껏 끓여 냄비에 가득히 담아 드렸더니 남기지 않고 다 자시고 맛있게 먹었다고 감사하는 그의 모습에는 과거의 원한은 안 보였다.

울 엄마는 피난길을 그와 함께할 줄 알고 어떻게 대접할까 걱정했는데, 그 이튿날 아침밥을 해서 들고 가니 그는 한마디 말도 없이 가고 없었다. 말하지 못할 사연이라도 있었을까? 섭섭했다.

그날 해질 무렵에 우리 셋은 발산 바닷가 모래사장에 앉아 붉게 물든 저녁노을을 보며 모래를 쥐었다 놓았다 하며 놀고 있는데, 구미(작은 배)가 한 척 오더니 타고 온 사람을 내려놓고 돌아가려고 배를 돌릴 때 형이 빠르게 그 구미에 오르며, "아버지 모시러 가요." 하니 울 엄마는 "가지 마라. 가지 마라!"고 고함쳤지만 노 젓는 자는 멈추지 않고 배는 가고 노을도 사라지니 어두워져 보이지 않았다.

울 엄마는 "지 각시 데리러 가면서 핑계가 좋다."고 분노하셨다.

그 후 발산 개울에 움막을 지어 살면서 눈만 뜨면 포항에 들어갈 수 있는가 하고 수소문을 하며 일주일을 고생하니 들어갈 수 있다는 소문이 나서 모두 좋아서 갔다. 그러나 오천비행장에서 더 들어가지 못하게 했다. 그곳에는 남쪽으로 피난 갔던 자들과 이때까지 피난 가지 못했던 오천 이북사람들이 합쳐져서 인산인해를 이루었는데 그 가운데 형수가 우리를 찾아왔으니 간단히 우귀한 것이다.

형은 신행(결혼식)하여 종종 처가에 가서 형수를 만나면 우귀일(시집가는 날)이 되기 전에 인민군이 쳐들어오면 데리러 간다고 약속했으나, 울 엄마의 고집으로 가지 못하고 남으로 피난 가게 됐으니 죄스러웠던 것이다. 그래서 남으로 발산까지 피난한 후에 데리러 갔으니 서로 엇갈렸다. 나는 그곳 오천비행장에서 쏘는 대포가 포항을 탈환하려는 인민군을 못 들어오게 하는 것임을 알고 며칠간 지켜보다가 안심하고 정보대원을 따라 시내로 들어가 보니 우리 가게는 안전했다. 그 가게 골목길을 국군 상사 한 사람이 철모를 삐딱하게 쓰고 갈지자 걸음으로 걸어가면서, "남아 20 대장부 남이 장군이……"란 군가를 의미심장하게 부르며 술이 가득히 취한듯하나 남이 장군의 충성심에도 가득히 취해 있어 나를 부끄럽게 했다. 그래서 입대하기로 굳게 결심했다.

27
천당에서 만납시다

오천비행장 근처에서 몇 날을 기다려도 포항 시내는 못 들어가게 했다. 인민군이 포항을 점령하려고 수도산을 넘어오자 오천비행장 포대에서 사격한다며 못 들어가게 하여 발산으로 돌아오는데 산 위 오솔길 옆의 화전 밭에서 저절로 자라난 배추를 뽑아와 삶아서 된장에 버무리고 밥을 해서 먹으니 꿀맛이었다. 맑게 갠 햇빛과 산 위에 신선한 공기가 밥맛을 돋우고 오늘따라 울 엄마도 밝은 표정으로 "달아 맛있나?"고 말씀하시니, 이때를 놓치지 않고 "어머니! 나는 군에 입대해야 됩니다."고 간절히 말하니 예상 밖에 "내가 너희들을 붙든다고 붙들리지도 않네. 남들도 가면 갈 수밖에……." 하시며 힘없는 모습을 하셨다.

갑갑했던 가슴이 확 풀렸다. 형수가 오고부터 내가 있으니 불편해서 그렇게 승낙이 빨랐을 것이다. 발산 개울 움막으로 돌아와서 내가 없어도 밤바람에 감기 들지 않도록 움막 손질을 하면서 울 엄마가 마을로 양식을 사러 가고 없을 때 양남면사무소로 달렸다. 한참 가고 있으니 어머니가 뒤에서, "아이고 달아, 안 가면 안 되나? 죽지 마라! 죽으면 안 된다!"고 냇물을 허둥지둥 걸어오시면서 울먹였다.

"엄마 나 안 죽는다. 돌아온다! 죽으면 천당에서 만나잖아요." 하며 돌려보내고 앞만 보고 갔으나 가다가 뒤돌아보니 울 엄마는 그때까지 개울 건너편에 서서 나를 보고 있었다. 나는 '어서 가시오!'라고 손짓한 후 다시 안 보기로 하고 갔다.

양남면사무소에서 근 보름 동안 장마로 꼼작 못하고 머물러야 했고 또 호계 기와굴과 경주 신라호텔에서 전국 각지에서 지원병이 일시에 많아져서 처리가 복잡하여 대기상태 중에 유엔군 모집광고를 보고 지원하니, 일본에 가서 훈련을 받게 되어 부산진에서 굵은 주삿바늘로 예방주사 8대를 맞고 기다렸으나 일본 훈련장도 만원이 되어 우리들은 제5교육대(사상)로 갔다. 지붕이 높은 강당 안에 유엔군 개인 장비를 푸짐하게 받아 침대 위에서 공기 매트리스를 모포로 감아 깔고 자려고 누웠으나, 발산 개울 움막집에 계실 울 엄마 생각이 나서 잠이 오지 않았다. 나는 이렇게 좋은 곳에 있는데 개집 같은 움막집에서 갓 시집온 며느리와 누웠으니 얼마나 춥고 서글프실까? 나는 일어나 무릎이 꿇어졌다.

"하나님! 울 엄마와 형수를 어서 집으로 돌아가게 해주시오."라고 마치 누군가 시키듯이 간절히 기도해졌다.

훈련 기간 중에 추석명절이 있었는데 특별한 음식이 나와 집 생각은 없었다. 사상 들녘은 천고마비의 가을을 맞이하여 굵은 벼 이삭이 가득히 황금빛으로 익어갔다. 그 한 곳을 사격훈련장으로 만들어서 인민군과 육탄전을 하던 상사가 가르쳤다. 16일 동안은 산을 오르고 내리는 고된 단련을 주로 하고, 수료식 날이 되어 연병장에서 중고등 학생 75명과 대학생 75명으로 편성된 2개 소대가 우리 부대(중장비공병)로 가게 됐고, 그 외의 여러 부대로 가는 자들을 데리러온 인솔 장교들이 왔는데 그 가운데 중령이 단 위에서, "여러분, 오늘부터 미군보충병(KATUSA)이 된 것을 환영합니다. …… 장비를 단시일 내에 배워서 우리와 힘을 합하여 이 전쟁을 빨리 승리로 끝냅시다. 전쟁이 끝나면 장비들은 남겨두고 갈 것이니 여러분은 부지런히 기술을 배우시오. 이 장비들은 전후 복구공사에도 필요할 것입니다." 하고 말했다.

수료식이 끝난 후 군악대가 앞서고 우리들은 각자의 배낭을 메고 행진하여 역까지 환송을 받아 열차를 타고 가던 중에 우리 부대 인솔 장교가 왔는데 기차 천정에 닿을 만큼 키가 크고 눈이 크고 빛난 대위가 우리들과 한 사람씩 악수했다. 대구에 내리니 점심시간이라 씨레이션(C-ration)을 받았으나 생전 처음 보는 깡통을 열 줄 몰라 모두 보고만 있는데, 한 녀석이 차고 있던 단검을 빼내어 깡통 옆구리를 푹 찔러 벌어진 틈 사이로 혀를 넣어 꺼내어 먹다가 잘려진 깡통 함석 날카로운 곳에 혀가 끊겨 피가 나서 울상을 하는 그 꼬락서니가 우스워서 모두 푸짐하게 웃으며 배고픔을 잊어버렸다.

얼마 후 4톤 트럭이 와서 타고 갔다. 해가진 후에 김천중학교에 도착하니 미군들이 전등불이 밝게 비치는 1층, 2층 창문마다 활짝 열고 손을 흔들며 "웰컴! 웰컴!" 하고 소리쳤다. 식당에 들어서니 10여 명의 요리병들이 옆으로 늘어서서 각각 커다란 통에 여러 가지 다른 음식들을 담아두고 우리들이 그들 앞을 지나가면 통에 담긴 음식들을 주었다. 생전 처음 먹는 양식은 맛이 좋았다. 잠은 교실에서 침대를 펴고 잤다.

다음날 새벽 일직이 호루라기 소리가 요란하게 나며, "Get up (일어나라)! Get up (일어나라)!" 하며 부대원이 자는 교실마다 1층 2층을 돌아다니며 깨우는데 코가 높은 늙은 특무상사였다. 모두 일어나서 밥을 먹은 후 불도저와 그레이더 등 각종 장비를 몰고 가서 군 보급로를 정비하는데 카투사들은 첫날이니 미군들이 하는 일을 보기만 하는데 그들이 말하는 영어는 한마디도 알 수 없었다. 학교에서 배운 영어로는 전혀 통하지 않았다. 손짓 발짓을 해야 알아들으니 그들 몇몇은 "갓뎀"을 계속하고 우리 중에 동아대생 한 사람은 "이 새끼들!" 하며 대응하여 싸우기도 하니 최용범(연희전문)은 "우리들이 영어를 못하는 것이나 너희들이 한국말을 못하는 것이나 똑같다!"고 말하니, 그 이튿날부터 자상하고 친절했다.

또 어려운 것은 양식은 맛이 좋은데 양이 작아 두 번 먹는 카투사도 있으니, 정해진 인원수대로 했던 밥이 모자라 요리병들은 밥을 더 하느라 진땀을 뺐다. 식당 상사는 그 다음날 두 번 먹는 자를 잡으려고 식당 입구에서 한사람씩 눈이 뚫어지게 보았으나 백여 명의 카투사들 얼굴은 모두 똑같아 찾지 못하여 쓰고 있던 요리사 모자를 벗어 땅바닥에 내동댕이치며, "갓뎀! 카투사들은 그놈이 그놈같이 똑같다!"며 화를 냈다. 그다음 날은 식당 입구에 서서 들어오는 카투사에게는 백묵으로 어깨에 1자로 표시했다. 그러나 두 번 먹으러 들어가는 자는 표시한 백묵 글자를 손으로 탁탁 털어버리고 들어가니 알 길이 없었다.

이러한 때에 특무상사의 기상 호루라기 소리가 화장실에서도 삐삐

하고 들려왔다. 카투사들이 기름진 양식을 두 번씩 어떤 자는 세 번씩이나 배가 차도록 먹고 설사하는 소리였다. 그런 가운데 한 부대원이 한 번 먹었다는 백목 표시를 털어 지우지 않고 들어가다가 상사에게 발각되었다. 상사는 화가 나서 고기를 찌르는 커다란 포크로 그의 볼을 찔러 온 부대원들을 웃어야 할지 울어야 할지 난처하게 했으나 보름이 지나니 설사도 멈추고 한 번만 먹어도 배가 고프지 않았다. 그리고 말도 통하게 됐다.

28
북진 통일을 외치며

포항까지 쳐들어왔던 인민군은 아군의 인천상륙으로 도망치기에 바빴고 우리들은 추격하기에 바빴다.

늦가을의 장맛비 속에 추격하는 우리 차량들이 길을 이어 지나가니 포장되지 않는 길바닥은 빗물과 사정없이 달리는 차바퀴에 부딪쳐 깊이 패여져서 그 자리에 흙탕이 고였다가 한 대씩 지나갈 때마다 흙탕물이 길 양편으로 튀어 나가 길옆의 풀 위에 흙탕이 더덕더덕 덥혔는데, 그 가운데 젖먹이 아기가 일어서서 "엄마" 하며 사방을 두리번거리며 울고 있었다. 눈물과 콧물을 제 손으로 훔쳐 얼굴이 코 범벅이 됐고 그 옆에는 그의 어머니로 보이는 젊은 여인이 젖가슴을 드러낸 채 꼼짝 않고 누워만 있어 지나가는 자들을 애처롭게 했다. 질주하던 우리 차가 길이 파인 곳에 바퀴가 빠져 늦게 가고 있을 때 황두희가 운전석 지붕을 두들기며, "스돕! 스돕!" 하고 고함을 쳐도 뒤에 차가 빨리 가자고 빵빵 하니 그곳을 지나갈 수밖에 없었는데 두희는 얼굴이 붉어져, "갓뎀" 하며 소리치니 운전하던 흑인 하사도, "선 아마강" 하며 소리쳐 모두가 웃어댔다. 황두희는 그 장면이 멀어져 안 보일 때까지 뒤돌아보고 있었다.

차가 정지하니 어디인지 알 수 없으나 우리가 할 일이 너무 많아 한 곳에서 일주일을 더 머물지 못하고 아군 뒤를 따라가며 꼬부랑길, 바위로 된 좁은 길, 언덕길 등을 다이너마이트로 폭파하여 불도저, 그레이더 등으로 넓히다가 뒤늦게 '토낫폴'이 투입되어 불도저와 그레이더가 할 일을 그 한 대로 해버렸다. 내 키만 한 고무로 된 바퀴는 불도저의 철로 된 바퀴보다 빠르게 달려 흙을 파고 담아 먼 곳으로 갖다 버리기까지 하니 18대가 부지런히 하면 작은 산도 5일 만에 없어지고, 넓은 길이 생겼다. 소모되는 휘발유도 엄청났다. 마산 출신 백 하사는 밤마다 주유하다가 휘발유가 겹겹이 입은 옷에 스며든 줄 모르고 담뱃불을 켜던 중 옷에 불이 붙어 끄지 못해 타죽고, 농담 잘하던 서 일병은 너무 졸려 풀숲에서 자다가 토낫폴에 치여 죽었다.

한 곳이 끝나면 다음 장소로 가기 바빴다. 누가 죽었는지 모르며 알려고 생각할 정신의 여유도 없었다. 뒤늦게 미군 대형탱크 부대가 상륙하여 성난 코끼리 떼처럼 비명을 지르며 달려오면서 윗 뚜껑이 열리더니 카투사 한 명이 상체를 드러내어 태극기를 휘날리며, "북진통일이다!"고 고함치며 활짝 웃는데, 자세히 보니 박 서방(먼 친척 자형)이었다. 나는 "박 서방! 자형!" 하며 손을 흔드니 무슨 말인지 탱크 소리에 알 수 없으나 분명히 눈은 서로 마주쳤고 손을 흔들었으나 내가 탄 GMC는 길 맨 우측에서 북으로 가고 그의 탱크는 맨 좌측에서(그날 도로에는 모두 북진하는 차들뿐이었다) 급히 가니 우리의 경 차량은 탱크를 먼저 보내려고 서 있었고, 탱크 행렬은 앞서 갔다.

그는 힘이 세어 씨름꾼이 되었다. 나도 팔씨름을 해서 누구에게도 져본 적이 없었는데 박 서방에게는 졌다. 전쟁이 끝나면 팔씨름을 붙어 이겨야지 하고 생각하면서 극히 서민적이던 그의 마음씨를 그리며 나도 북진했는데, 그날이 그의 마지막이었다. 그 길로 그는 북진하던 중 전사하여 만날 수 없었다.

29

전장의 추수감사절

우리 부대는 도망치는 인민군을 추격하는 아군의 후방 보급로를 정비하느라 정신없이 따라가다가 6 · 25가 나던 그해 늦가을에 개성 궁정국민학교에 주둔했다. 넓고 깨끗한 교실에 침대를 펴니 그동안 정신없이 여러 곳을 이동했던 피로가 풀렸고 부대원 전원을 만나게 되니 그때서야 정신이 들고 반가웠다. 이곳에서 평양과 신의주까지 진격한 아군 후방로를 정비했다.

야전 공병들이 만든 임진강 고무다리를 관리하고 있으니 인민군을 따라 북쪽으로 갔던 자들이 돌아오기 시작하는데 남자들은 별로 없고 여자들이 줄을 이어 우리가 손질하고 있는 임진강 고무보트 다리를 걸어 남으로 가고 있었다. 한결같이 입을 다물었고 예쁘게 화장하여 우리를 두렵게 보는 눈치였다. 부산 동대 재학 중인 이 일병이, "나도 조런 것(자기 아내)이 집에 있는데." 하며, "어디로 가십니까?" 하고 물으니, "서울요." 하고 짧게 대답할 뿐 조금도 애교가 없고 새침한 표정이었다. 이곳 큰 창고에는 이런 여자들 3천 명을 붙잡아 가뒀는데 구경 갔던 자들은 화장품 냄새와 여자냄새로 머리가 아프다고, 지키던 유엔 경찰은 누가 좀 데려가기를 원한다고 한다.

개성은 아직도 회복이 안 된 적지인데 부대에서 추수감사예배를 드렸다. 날마다 제각기 밥을 타 먹다가 이날은 밥그릇을 들지 말고 식당으로 오라고 했다. 넓은 강당 안의 긴 식탁 위에는 82가지 음식을 차려 놓고 전 부대원이 한자리에 앉았다. 중대장 몰돈 소령이, "여러분 기도 합시다. 이스라엘에 하나님! 우리 부대를 적지까지 보호하시니 감사합니다. 우리의 임무를 마칠 때까지 한 사람도 사고 나지 않게 보호해 주시기 원합니다. 또 우리 국민들의 정성스러운 추수감사 음식을 먹게 되니 감사합니다. 아멘." 하자, 미군 전원이 한 사람이 말하듯 동시에 "아멘" 하니 지붕이 들썩 올라가는 듯했다. 82가지 음식은 온 세계에서 유명한 음식들인데 미국 국민들이 정성껏 요리하여 보낸 것을 우리 부대에서 열만 가했다고 한다. 말 그대로 진미들이었다. 한식은 하나도 안 보이고 비슷한 것이 그 가운데 하나 있었는데 굵은 멸치로 젓을 만들었는데 빳빳하고 맛있었다. 한참 맛있게 먹고 있는데 별안간 비상출동령이 났다. 평양으로 가는 길을 확장하다가 해가 져서 길옆에 둔 중장비에 인민군이 나타났다는 무전이 온 것이다.

소대 선임자 마키로 홈 상사가 전원 완전무장 출동명령을 하니, 나중 타는 자는 탈락시키고 30명만으로 출발했다. 차의 전등을 끄고(인민군이 알까 봐) GMC의 최고 속도로 달리니 차가 굉음을 내며 우리가 서 있는 적재함 안에는 거센 바람이 일고 담뱃불은 낱낱이 꺼졌다. 몇 시간을 달리니 길이 좁아지고 사방이 산으로 둘렀는데 계속 들리던 차의 굉음이 힘없이 끊기면서 정지한 곳에 모닥불이 있고 우리 장비는 무사히 있었다. 즉시 전투태세로 포복했다. 꽁꽁 언 땅바닥에 마른 억세풀 속에서 엎드려 쏘아 자세로 총의 안전핀을 뺐다.

눈을 들어 하늘을 보니 조각달이 머리 위에 떠 있고 구름 한 점 없이 맑은데, 바로 머리 위에서 눈곱만 한 눈 한 송이가 좌우로 왔다갔다 하며 하늘하늘 천천히 내려오다가 내 코앞 마른 억새풀잎 위에 당기듯이 붙었다. 그 모양을 조각 달빛이 비춰주었는데, 억새풀 위에는 그런 것들이 수없이 붙어 반짝거렸다.

바람 한 점 없는 강추위에도 노출된 코와 볼만 약간 시릴 뿐 두툼이 입은 옷으로 춥지는 않았으나 머리 위에 있던 조각달이 서산에 가깝도록 와야 할 놈들이 오지 않으니 지루했다. 적막한 산골짝에 만물이 곤히 잠든 새벽에 바로 옆 숲 속에서 갑자기 큰 새가 암놈을 만나 좋아하는 소리 같기도 하고 사람의 변장한 목소리 같기도 한 큰 소리가 두 곳에서 간격을 두고 난 후에, 얼마 안 되어 선임상사가 "솻(쏘라)!"하는 명령이 나자 30여 정의 총이 일제히 쏘아댔다. 10여 분 후에 마치고 우리는 돌아왔다.

30
1 · 4후퇴

평양을 점령했다는 보도가 나더니 평양 시내 사진관에 가서 찍었다는 사진을 보이는 자가 있고 신의주까지 진격했다며 "이제는 통일이다!" 하고 모두 기뻐 들떠 있지만, 나는 그 말이 믿어지지 않았다. 모두 3소대원들이라 대학생들이 우리 2소대원들을 우롱하는 말인 줄 알았다. 그 말이 진짜면 어서 속히 제대해서 집에 가고 싶고 장가도 가고 싶었다. 그날 밤에 우리 2소대는 각자의 배낭과 침대와 식당장비를 차에 싣고 차의 전등을 끄고, 좋았던 궁정국민학교를 조용히 빠져나와 조각달이 비춰주는 희미한 밤길을 더듬어가며 조심조심 운전하여 어느 때까지 북으로만 가더니 웬 강변 옥수수 밭 옆에 정지했다.

배가 고파 옥수수라도 먹고 싶어 밭에 들어서니 우리 키보다 크고 빈틈없이 심어진 틈사이로 보이는 조각달이 서산으로 기울어져 옥수수는 보이지 않았다. 황두희가 훔쳐온 식품깡통을 열어 보니 콩 껍질

뿐이라 배는 더욱 고팠다. 이곳은 경원선이 지나가는 예성강 옆의 한포였다. 우리는 인민군이 후퇴하면서 파괴한 곳을 복구하러 온 것이다.

전원이 모래가 든 포대를 파괴된 곳에 메고 가는데 레일이 땅에 깔려 있는 곳은 안심하고 걸어갔다. 강 위에 들어서니 철로 밑 아득히 먼 곳에 강물이 흘러가는 것이 조각 달빛 아래에서 희미하게 내려다보였다. 그런데 신은 지 얼마 안 된 새 가죽신 바닥은 고무로 됐지만 얼어서 쇠 같았고, 미끄러운 레일에서 곧 떨어질 것 같아 무섭고 떨려서 한 발짝도 움직일 수 없어 그만 그 자리에 주저앉아 기어가려고 하는데, 미군 부엌강아지 일병(우리가 지은 별명. 작고 못났다. 오 일병에게 두들겨 맞음)이 모래 포대를 메고 가고 말 대가리 하사는 남보다 더 빠르게 두 포대를 메고 카우보이 노래도 하며 멋을 내며 가다가 나를 보고, "갓뎀! 갓뎀!"을 연발하니 부끄러웠다. 이들은 모두 뉴욕의 일류 토목공들로 알려져 있다. 우리 부대는 원래 도로공사만 하면 됐지만, 철교를 고치는 장비가 없어 작업할 수 없는 데도 명령에 따랐으니 (전군이 바빴던 탓으로) 밤을 새워 일했다. 그러나 골리앗같이 키가 크고 뚱뚱한 호크 대위는 높은 데서 떨어져 다쳐도 병원에 가지 않고 밤낮으로 일했지만 작전명령일에 완공하지 못하고 15일 늦게 완공하여 징계처분을 받았다.

늦게라도 철교가 복구되니 군수품을 실은 화물열차가 밤낮 끊임없이 지나갔다. 이북으로 수송한 휘발유, 경유, 군복, 식품, 생활용품 등 수많은 군수물자들을 둘 곳이 없어서 모두 철길 옆이나 산기슭에 쌓아 두었는데 갑자기 중공군이 침공하여 1·4후퇴 명령이 내려와 모두 불태웠으니 철교 보수를 못 했으면 나을 뻔했다. 먼 곳에서 휘발유 드럼통을 모아둔 곳을 향하여 총을 쏘면 모든 휘발유 통에 불이 옮겨붙어 하늘 높이 올라가면서 불을 품으며 터지면서 모든 물품이 탄다고 검둥이 쥬미 중사가 그렇게 하고 와서 말했다.

개구쟁이 이상화는 마을에 가서 40원을 주고 토종닭을 바지게에 가득히 지고 와서 내려놓으니 모두 날아갔다. 이것들을 잡는데 한국군과 미군 합동작전이 벌어졌다. 그곳 마을 사람들은 이제 대한민국의 세상이 된다고 믿고 우리 돈 40원을 받고 많은 닭을 줬겠지.

나는 그곳 교회가 보고 싶어 이진업 집사와 같이 갔더니 마을 입구에 시체를 묻었는데 눈 위로 드러나 보이고 눈 속에는 구더기가 우글거렸다. 그곳에서 조금 가니 마을 첫 집이 보여 그곳에 들어가 그 시체를 보이지 않게 흙으로 덮어주고 싶다고 말했더니, 보위부에서 못하게 해서 그냥 뒀다고 했다. 그는 방 안에서 천정에 줄을 매달고 냄비를 달아 화롯불에 옥수수를 덥혀 먹고 있는데 반찬은 보이지 않았다. 교회에 들어가니 말만 한 처녀들 10여 명이 유리창을 닦고 있었는데 우리가 나이 많은 분과 이야기하다 보니 모두 사라졌다. 가져간 성냥과 비누를 주니 그곳에는 볼 수도 없다면서 반가워했다. 불은 집집마다 불씨를 파묻어두고 나뭇재로 빨래를 한다며 반가워했다. 교회 전도사는 보위부에 감시를 받다가 전쟁 나기 전에 산속으로 들어갔으나 소식이 없다고 말한 후, 그는 더 말하지 않았다. 그곳에서는 잘못 말하면 잡혀간다고 하여 우리도 더 말을 못하고 묵묵히 있으니 먼 산에서 총소리가 한 발씩 두 번 들렸다. 더 말하지도 않는 그를 쳐다만 보다가 돌아왔다.

우리 소대는 다시 궁정국민학교 중대본부로 돌아왔다. 황두희가 후퇴하면 다시 보기 어려운 선죽교를 보고 가자고 하여 시내로 가니 미군들의 후퇴하는 긴 차량 행렬이 개성 시내를 둘로 갈라놓았다. 그 행렬 맨 앞 지프차에 탄 자의 전투모에는 별이 수두룩 달려 있고 급하게 달려온 듯 먼지가 차와 모자와 얼굴을 가득히 덮고 있었고, 헌병 중위 한 사람이 그와 대화하다가 가고 중사가 M1총을 받들고 언제까지나 그 별자리를 주목하여 부동자세로 서 있었다. 후퇴명령 이전에 후퇴하여 상부의 지시로 꼼작 못 한 모양이었다.

선죽교는 불과 30미터의 작고 아담한 돌다리로 한가운데 바닥에 붉은 피의 흔적이 보였다.

시내 목욕탕에 들어가니 참전 16개국 군인들로 복잡한데도 서로 마주 보고 빙그레 웃으며 "너는 무슨 인종이냐? 어느 나라냐?"고 서투른 영어로 인사하고 서로 아래위를 훑어보았다. 꼭 정다운 친구 같았다.

남산에 올라가서 통신소를 보수하고 있으니 남침하는 중공군을 향해 쏘는 미군의 포 소리가 점점 가깝게 들려왔다. 개성 가까이 중공군이 공격해온 줄 알고 서둘러 24공병 본부에 오니, 후퇴한 자들이 차를 무질서하게 세워두고 집 안으로 들어가서 몸을 녹이느라 가득하고 보초를 서는 영국군은 건물을 뜯어 불을 붙여 손을 녹이고 있었다. 이날은 더 추웠다. 쇠붙이를 손으로 쥐면 안 떨어져서 장갑을 끼어야 했다.

우리 7명을 남겨두고 모두 말없이 후퇴한 것 같아 우리도 새벽녘에 그곳에서 임무 한 시간 전에 후퇴했다. 도중에 인민군이 길을 4미터나 넓게 파둔 곳이 있었는데, 차의 속력이 빨라 앞바퀴는 거침없이 지나가고 뒷바퀴만 덜커덕 소리를 내면서 넘어가니 운전병에게 감탄했다. 전 속력을 다하여 달리니 추워서 차 덮개를 덮고 쪼그리고 앉아서 졸다가 오줌이 마려워 차를 세웠으나 덮개 위에 무엇인가 무거운 것이 있어 일어설 수가 없었다.

다 함께 하나, 둘, 셋을 부르며 일어서니 산처럼 덮개 위에 쌓였던 눈덩이가 벗겨지고 보니 어느덧 태양이 밝게 비취는 왜관에 와 있었다. 소변부터 해결한 다음 운전병 흑인 하사 곁으로 다가가서 엄지손가락을 치켜세워 보이며, "유 넘버원"이라고 말하니 그는 검은 얼굴 바탕에 흰 이빨을 드러내며 싱긋 웃었다.

31
성구 형

1 · 4후퇴로 대구 칠성운동장까지 후퇴했다가 다시 북진하던 1951년 이른 봄 원주의 어느 넓은 하천에 천막을 쳤다. 비행기 활주로를 만든다고 했으나 하천 바닥은 벌써 사람의 손으로 하기보다 더 평면을 이룬 자연의 힘에 놀랐다.

빗물이 흘러내려 가면서 높은 산 밑의 흙을 휩쓸어 내려가 넓은 하천을 만들었고 한 곳도 높고 낮은 곳 없이 평면을 만들어놓았다.

매끄럽고 작은 돌들이 하천 표면에 박혔는데 그 돌들을 떠들시고(밀어 올리면서) 올라오는 풀의 새싹을 보고 또 한 번 놀랐다. 그 작은 풀의 싹이 무슨 힘으로 자기보다 몇 갑절이나 무거운 돌을 떠들시고 올라올까?

나는 귀여워서 손가락으로 쓰다듬고 자세히 보면서 한 잎을 뜯어 씹어보니 그것은 쑥이었다. 한 개의 새싹뿐이 아니라 하천바닥 전 표면에 모든 돌들을 떠들시고 올라오고 있었다. 그 놀라운 힘들은 태양이 보내온 열이요 그것은 하나님으로부터 온다고 믿으며 이 전쟁을 승리로 이끌어주시는 분도 하나님임을 믿고 하늘을 우러러 팔을 뻗쳐 들고 "하나님! 우리들에게 승리를 주십시오. 속히 자유 대한민국으로 통일되게 해주십시오." 하고 빌어졌다.

넓은 하천에서 미군들이 쏜 엽총 소리에 놀란 꿩 소리가 산허리에 메아리쳐 요란하게 울려 퍼지는 고요한 아침이었다. 그런 고요함도 점점 총 소리로 바뀌어갔다.

점심을 먹고 식당에서 나오는데 누군가 나에게 편지를 주었다. 북진하느라 정신없어 잊었던 부모 형제의 얼굴이 봉투에 쓴 형의 글씨에 아련히 떠올라 기쁨으로 가슴이 뛰었다. 한국 우편이 미군부대로 오지 못한다고 말했는데 어떻게 들어왔을까? 재빨리 봉투를 열어 보니, "피난으로 고생하다가 이제는 우리 식구들이 다 집에 돌아왔다. 요즈음은 너의 형수와 청계리 논에 못자리를 하며 단란하게 지내지만 나는 곧 군에 가게 된다."는 형의 사연이었다.

편지는 다 읽었으나 형의 걱정하는 모습이 편지지 위에 홀연히 나타나 그 자리에 선 채로 움직여지지 않았다.

밤이 됐으나 잠이 오지 않았다. 걱정하는 형의 얼굴이 어디를 가도 내 앞에 나타났다. '나는 죽기로 하고 입대했으니 형은 부모를 모셔야 할 터인데 형마저 입대한다니 누가 부모를 모시나?' 해가 지고 어두워졌는데 그리 멀지 않은 곳에서는 초상집에 불을 켜둔 것처럼 그곳만 훤한 데 '콰아앙!' 소리가 난 후 한참 있다가 땅덩어리가 하늘로 올라갔다가 다시 떨어지는 듯이 '투툭툭 투툭툭' 소리가 간격을 두고 계속 들려오고, '쾅탕 타타타탕 쾅……' 소리와 심할 때는 큰불이 번쩍거리며 이따금씩 조명탄이 '빠르르' 하며 방정맞게 하늘로 올라가서 사방을 밝게 비추다가 타고 남은 것이 우리 부대 근처에도 떨어졌다.

쏘아 대는 포탄 소리가 심하게 나면 도로에는 전장에서 남쪽으로 내려오는 군용차들이 더 많아지고 급히 달려가면서, "내 다리 어디 갔노…… 내 팔 어디 갔노?" 하는 애처로운 소리가 그 트럭 포장 속에서 새어 나오다가 달리는 차와 함께 차츰 작아져가는데 꼭 형의 목소리 같아 영 잠이 오지 않고 미칠 것 같아 일어나서 소대 선임자 쇼 상사의 천막을 그저 빙빙 돌아다니다가 내 천막으로 왔다 갔다 하고 있으니, 그가 밖으로 나오는 것을 보고 얼른 그의 앞을 가로막고 서투른 영어로, "I want to meet my brother. Because……(나는 형을 만나야 한다고……)" 말하니, "OK! Come to me(좋아! 따라오라)."하며 사무실로 들어가서 타자병에게 명령하여 휴가증 7장을 주며 가는 도중에 헌병이 검문하거든 한 장씩 주고 2주 이내로 돌아와야 하고, 반드시 총은 가지고 다니라고 말했다. 나는 하늘에 오르듯 기뻤다. 소대원들도 기뻐하며 모아두었던 씨레이션을 털어주니 배낭이 꽉 찼다.

이튿날 아침 일찍 부대에 물을 운반하러 가는 차를 타고 가던 도중에 웬 아가씨가 손을 들어 운전병이 태워주니 적재함에 나와 함께 타고 가면서 감사하다고 나에게 말하기 시작하여 묻지도 않는 자기 신상의 말까지 늘어놓았다. 차가 원주 시내에 왔을 때 내리니 그녀도 내려서 점심을 먹자고 하며 앞장서니 거절하지 못하고 따라갔다. 20세는 넘어 보이며 못나지는 않은 얼굴에 예쁘게 차려입었는데 쳐다보는 눈이 예사롭지 않았다. '이래도 될까?' 하면서도 밥을 다 먹고 나니 그녀는 "오늘은 여기서 자고, 내일 출발합시다."라고 말했다. 나는 그때서야 그녀가 무서워졌다. '모 대학의 학생이며 경찰서장인 오빠를 만난다는 아가씨가 길에서 만난 자에게 무엇 때문에 자고 가자고 할까?' 나는 당장 일어서며, "나는 가야 해요!" 하고 나오니 그녀도 따라와서 기차를 탔는데 그 후 아무리 차 안을 보아도 없어 손이라도 잡아볼 것을 싫었다.

안동에 와서 헌병에게 그 사실을 말했더니, "당신은 명당에 선조님의 묘를 섰군요. 요즈음 여자 간첩들이 외출하는 아군에게 동침하자고 유혹하여 군복을 훔쳐가서 인민군에게 주어 국군으로 가장하고 아군 부대에 들어가서 대량 살상하는 전술이 유행하니, 그런 수상한 자를 만나면 즉시 알려야 합니다."고 말했다.

그립던 고향에 돌아와 보니 가족들은 모두 무사하고 울 엄마는 나를 붙잡고 쳐다보시며, "네가 우리 달이냐? 천당 가서 만나자고 했제." 하시며 울음을 터트리셨다. 마을 사람들은 만나는 분마다, "안 죽고 살았네." 하며 누구누구는 인민군에 가서 죽고, 국방군에 가서 죽고, 너는 살았구나 하며 기뻐했다. 한 번도 말하지 않던 얌전한 처녀도, "우무나! 성애 오빠요" 하며 반가워했다. 그립던 덕성리 예배당에 들어가서 무릎을 꿇고 기도하고, 정우용 장로님에게 인사드리러 갔더니 그의 장남 정덕술 씨(나팔수)는 여전히 가락지를 만들고 있고, 경주에서 공부할 때 함께 강에 투망을 쳐서 고기를 잡고 밥도 주던 그의 맏사위 조집사 내외와 노래 잘하는 지두환(정 장로의 생질)과 그 매제 이상득 상사 등 여러 친척들이 모여 놀고 있다가 반갑게 맞아주었다.

모두 전쟁 중에 겪었던 이야기를 하며 나의 카빈총을 처음 보는 파출소의 순경들이 M1과 일제 총과 딱콩총 등 모두 7정과 바꾸어 하나씩 쥐고 용산으로 가서 노루를 찾는데, 조 집사가 "저기 간다!"며 벼락처럼 고함치며 M1을 쏘았으나 노루는 총알보다 더 빠르게 산 중허리를 가로로 뛰어 달아나니, 이상득은 딱콩총으로 200미터가 넘는 먼 거리에서 큰 노루를 잡아 둘이서 막대기에 걸어서 메고 와서 잘 먹었다.

휴가기간 15일이 언제 지난 줄도 모르고 한 달이 후딱 지나갔다. 조 집사에게 우리 부대 군속이 되면 지금보다 더 잘살 것이니 함께 가자고 했더니 좋아하며 성구 형에게도 가자고 그가 말하여 형도 가겠다고 말했는데 가는 날 조 집사는 부인이 한사코 못 가게 해서 그는 가지 못했다. 나와 단짝인 전우 황두희의 형이 동생을 면회하러 가니 성구 형과 그를 데리고 부대로 돌아오면서 형이 우리 부대에 나와 같이 있으면 좋겠지만, 군속이니 천한 대우를 받을까 걱정됐고 휴가기간이 15일인데 한 달이 넘은 것도 걱정됐다.

부대가 이동하여 다른 곳으로 갔으나 겨우 찾아 두 사람을 데리고 정문으로 들어가니 카투사 보초병도 미군 조장도 묻지 않고 통과시켰다. 부대 안을 돌아다니며 구경하다가 식당에 카투사 요리병 김명용과 변종식이 한국식으로 요리를 해서 형들에게 대접하며 갈 때까지 식사를 하게 하니, 감사하여 그릇을 씻어준 일이 계기가 되어 형은 취직하게 됐다. 형은 그곳에서 열심히 일하여 3개월 만에 정식 출입증을 받았고, 6개월 이 되니 K.P 반장으로 진급됐다.

형은 성실하여 식당을 거울처럼 깨끗하게 하니, 식당 상사는 "원더풀!"을 연발하며 형의 별명을 '무스'로 지어주고 큰 소리로 자주 부르며 칭찬하여 부대 안에서 유명해졌다.

또 1년 내내 눈이 오나 비가 오나 하루도 잊지 않고 요리병들이 오기 전에 출근하여 그날 요리할 준비를 해놓으니 요리병들이 모두 고마워하며, 요리병이 결근할 때 대신 요리를 하면 맛있다고 소문이 났다.

경기도 양수리로 이동했을 때다.

북한강과 남한강이 맞닿은 곳에 밤꽃들이 활짝 피어 있고 누렇게 익어가는 보리밭에도 태양빛이 쏟아지는 뜨거운 날에도 밤나무 숲 속의 우리 천막에는 선선한 바람을 타고 온 밤꽃냄새로 가득했다.

어디서도 총소리는 들리지 않고 신의주까지 진격했다가 중공군의 공격으로 아깝게도 승전의 끝을 이루지 못하고 후퇴했으니 전쟁에 지쳐버린 미군들은 집으로 가고 싶어 했다. 그때는 미국 대통령 선거 기간이었다. 후보자 중에는 한국전쟁을 정전하려는 아이젠하워가 지지율이 월등하게 많았는데, 서울에서는 북진통일 시위가 연이어지고 남북 간의 갈등은 더해갔다.

한국 전선의 미군 군기는 문란하여 우리 부대원들은 날마다 놀고 있었고, 미군들에게 돈을 벌겠다는 여인들이 백인과 흑인을 갈라놓았고, 서로 다투며 총을 쏘며 싸우는 자들도 있었다.

이러한 때에 우리 부대에서는 갑자기 밥이 적어져서 배고프다는 자가 많았다. 그들은 나를 힐긋힐긋 보면서 식당 놈들이 식량을 훔친다고 하니 그곳의 반장으로 있는 형으로 인해 나의 입장이 어려웠다. 형 때문에 부대원이 배를 곯고 있다는 말 같았고 친하던 전우들도 나와는 말하는 자가 없어졌다.

내가 경비를 서던 날 식당 군속이 식품을 훔쳐가는 것을 붙들어 뺨을 쳤는데, 그가 미군 요리병 케리에게 말하니 케리는 중대장에게 가서 '무스(형의 별명)'가 자기 부하를 시켜서 식당물품을 훔쳐가게 한 것을 카투사가 구타하여 일어나지 못하게 됐으니 처벌해야 된다고 보고했다. 중대장은 상사들의 회의에서 그 문제를 결정하기로 했다. 상사들은 이 사실을 바로 알기 위하여 카투사의 대표로 최용범을 말하게 했는데, 그가 "우리는 전쟁 중입니다. 철조망을 무단으로 넘는 자에게 경비병은 총을 쏠 권한도 있습니다. 식량을 훔쳐간 자를 최 하사는 구타로 끝냈습니다. 동족을 구타하면서까지 미국 재산을 지키려 했는데, 미국민 여러분은 잘못했다고 처벌하면 여러분의 재산은 어떻게 지키렵니까? 나는 여러분의 말을 듣고 싶습니다. 우리 한국군은 잘못하면 잘하라고 사랑의 매를 칩니다. 우리 선조가 그렇게 교육했고 대한민국 국군은 그렇습니다."라고 말하자 거기 모인 자들이 일제히 박수를 치며 잘했다고 하며 만장일치로 회의를 끝나고 케리의 주장은 취소될 뿐만 아니라, 그날부터 흑인들을 멸시한 일을 비롯하여 그의 비행이 한 가지씩 폭로되기 시작했다.

그는 사고를 저지르고 감옥살이를 한 다음 우리 부대로 왔으나 여전히 술과 여자에 빠져 매음녀(賣淫女) 홀을 지으면서 부대 안의 기름, 목재, 식량 등 돈이 될 만한 것은 모두 부대 밖으로 쓰레기를 싣고 나가는 차에 몰래 실어내어 그것을 팔아서 충당하며, 자기와 같은 홍인종(紅人種)과 유력한 자들(7~8명)에게 밤마다 술을 사주어 초저녁에는 양색시 홀에서 떠들다가 밤늦게 부대 안으로 들어와서 고함을 쳐서 합창을 하니 부대원은 잠을 못 자서 짜증을 내지만 막무가내였다. 더구나 미국 내에는 대통령 선거기간에 '북진과 휴전' 양론으로 복잡하고 한국 전선은 군기가 문란하여 사고가 많을 때였으니, 형은 울면서 나에게 와서, "너 때문에 나는 쫓겨나게 됐다."며 원망했으나 나는 불원간에 실상이 드러날 줄 믿고 참고 기다렸다.

하루는 매시기(밥그릇)를 들고 밥을 먹으러 식당에 들어서니, 케리 일병이 만면에 웃음을 띠고 나에게로 오더니 사과를 주었다. 그걸 먹고부터 정신이 혼미해졌는데 미군들이 나를 미쳤다고 하여, 고향 집으로 휴가를 보내주라고 했고, 군속들은 미친 데는 개고기가 특효약이라며 양색시집에 나를 데려가서 방에 들어가라고 말했다. 바로 그때 한 여인이 암살당한 사건이 발생하여 미군 수사대가 케리의 동료들을 조사하다가 케리에게 이르니, "한국 카투사 중에 미친놈이 있으니 조사해보라."고 말하여 미군 간호장교 대위가 급하게 비행기를 타고 왔는데, 내리면서 먼 데서 나를 보고 생글생글 웃으며 오더니, "이 사람은 고민하고 있으니 위로해주면 곧 낫는다. 미친병이 아니다."고 말하고 돌아가면서 다시 뒤돌아보며 웃고 갔다.

그 후 케리는 수사대에 잡혀가게 될 사건이 밝혀지고 말았으니, 우리 부대 중대장 차가 한강변을 달리다가 바퀴가 빠져 한강에 추락하여 부상을 입어 일본으로 후송됐다. 수사대에 의하면 그 차를 정비한 자도 케리의 술친구이며 중대장을 자기의 종족인 홍인종으로 교체시키려는 케리의 주동으로 저지른 사실이 밝혀져 또다시 감옥에 가게 됐다.

그가 우리 부대에 있는 마지막 날이 되던 밤 그는 내가 경비를 서는 차례를 알고 나와 같은 시간과 이웃장소에 서기를 원한다고 그날 경비조장이 내게 귀띔해주었다. 요리병은 경비근무를 하지 않는데 식당에서 쫓겨났으니 하게 된 것이라는 것도 말해주었다.

그 전날 그가 나를 자기 천막으로 오라고 하기에 가보니 그의 천막에는 또 한 사람이(16년 동안 서부 독일에서 장교로 근무하다가 강간사건으로 무등병으로 강등된 홍인종) 술에 취하여 얼굴이 붉어져서 사냥총을 들며, "이것으로 쏘아버릴까?" 하고 케리에게 물으니, "얍(예)" 하며 대답했다. 그때 바로 옆에 급수기를 전문으로 하는 중사가 "쥬미(미군들이 부르는 내 이름) 돌아가라!"고 귓속말로 알려주어 도망치듯 그 천막을 뛰쳐나오니, 최윤만(부산 동대 야구선수)이가 그 천막 앞에서 기다리고 있다가 내 손을 잡으며 "병신처럼 오라 한다고 가느냐? 죽는 줄 모르고?"고 야단치며 나의 천막까지 같이 와주며 지켜주고 갔다(동대 야구선수 최윤만은 내가 총살될 줄 알고). 이러한 일을 겪은 나는 틀림없이 오늘 밤 경비 중에 무슨 변을 당할 것 같은 예감이 들었다.

새벽 2시부터 4시까지 두 시간을 경비하는 동안은 달도 별도 없는 칠흑 같은 밤이었다. 내 경비선 옆에 케리가 있을 줄 알고 몸을 숨기고 어둠 속에 그가 경비하고 있을 내 경비선 옆의 경비선만 보고 있었다.

낙엽이 떨어지는 소리도 들리는 적막한 밤 내 머리 위에 별안간 '딸그닥!' 하는 소리에 질겁을 했으나, 알밤이 나무에서 내 철모로 떨어지는 소리였는데 온몸에 열이 나도록 놀랐다. 시간이 다 되어도 그 경비선에는 케리도 아무런 인적이 없었다. 경비를 마치니 새벽 4시였고 아직 아침식사 시간보다 일찍 와도 경비원은 밥을 주게 되어 있어 식당에 가니 케리 일병이 수리 코드 차 위에 혼자 앉아 있는데 혼이 빠진 듯이 처량한 얼굴을 하고 있었다. 그를 둘러싸고 키가 크고 건장한 미군 4~5명이 서 있다가 또 다른 한 사람이 식당 안에서 나오니 모두 차에 올라타고 출발했다. 정문으로 나갈 때에 케리는 차 위에서 미군에게 둘러싸인 가운데 나를 돌아보는데, 그 눈빛이 번갯불 같았다. 그날 요리병 김명용의 말에 의하면 케리가 총을 들고 경비하러 가려고 할 때 특무대원들이 들이닥쳐서 총을 뺏고 그를 체포한 것이라고 한다.

케리가 체포되어 가니 부대원들 얼굴에는 희색이 충만했다. 특히 그의 위압에 꼼짝 못했던 식당 상사와 보급부 상사는 형의 손을 잡으며, "노 프라블름(이제는 걱정거리가 없어졌다)."이라고 말하며, 상사 회의에서는 형을 특진시키고 케리가 하던 부대 안의 청소 감독을 맡기니 식량도난 염려가 없어지고 부대원의 식사는 풍족해졌다. 장교와 상사들과 몇몇 졸병들도, 도적의 누명을 쓰고도 미워하지 않고 책임을 끝까지 우직하게 했다는 뜻으로 형을 "무스! 무스!"라고 힘 있게 불렀다.

그 후 형은 나에게 사과하는 말로 "이제부터는 집으로 돈을 부치겠다."고 말했으나 믿어지지 않았다.

32

살아 있는 사람 없소?

1 · 4후퇴로, 대구 칠성동까지 후퇴했다가 다시 북진을 앞두고 가까운 포항 고향 집에 잠깐 다니러 갔다.

'가는 날이 장날이란' 말처럼 그날이 할머니의 추도날이 었다.

사립에 들어서니 백부님은 추도식을 마치고 자택으로 돌아가시려고 방에서 나오고 있었다. 나는 방에 들어가지 않고 선걸음으로 백부님을 차에 태워 드리려고 정거장에 가니 공병대 4톤 차가 지나가고 있어 손을 들면서 스톱하고 소리쳐 세웠더니 차는 섰으나 백부님은 적재함이 높아 오르지 못하시니, 백부님을 당겨 올리려고 내가 먼저 차에 올라가니 곧바로 차는 출발하고 백부님은 못 타고 엉뚱하게 내가 타고 차는 전 속력으로 달리니 또다시 정거시킬 용기가 나지 않았다(동해안 전투가 치열할 때였다).

적재함에 함께 탄 7~8명의 군인들의 왼팔 옷에는 일등상사, 이등상사 계급장이 크고 붉게 표시되어 있고 운전병 옆에는 중령이 타고 있으니 나보다는 엄청난 상급자들이라 말도 아무렇게나 할 수 없었다. 그런데도 정지 정지라고 고함을 쳐서 차를 세웠으니 미안하기도 했는데 그 상사들이 적재함에 함께 탄 3명의 여자에게 입에 담을 수 없는 쌍소리로 농을 해도 그 여인들은 싫어하는 기색이 없고 더 즐거워하니 그 소리를 듣는 적재함에 탄 20여 명은 웃어대고 노인 부부는 듣기 거북한지 얼굴이 찌부러져서 이따금씩 침을 차 밖으로 뱉어내고 있었다. 내 마음속에는, '이들은 전쟁이 치열한 동부전선으로 가면서 적을 쏴 죽이는 생각들에 가득 차 있어 예의나 국군의 위신도 잊어버렸구나. 인간성은 떠나고 가치 없는 것만 생각하는구나! 그래서 죽음은 차차 오는구나! 이 차가 전복된다. 우편 바다 쪽 낭떠러지로 전복된다. 나는 왼편의 산 쪽으로 뛰어내린다.' 그런 생각을 하고 있는데, 차는 장사를 지나 오르막 꼬부랑길에 접어들어도 속력은 평지와 같이 빠르고 길바닥에 깔린 자갈들은 차바퀴가 잠기도록 많고 굵어 차가 고통스러운 굉음을 내며 운전하는 대로 가지 못하는데도 운전병은 속력을 더 올리고 있었다.

이제는 적재함에 탄 상사들과 여자들의 희롱담을 듣고 있던 민간인들도 모두 박수를 치며 웃어 대니 시끄럽고, 나의 걱정도 더하여 이 차가 사고 난다는 생각에 정신을 곤두세웠다. 그리고 보니 차의 앞부분이 오른편 가로수 길 밖으로 향했는데도 그 웃음소리와 박수소리는 여전하니, '아 이 차가 지금 전복되는구나!' 싶어 빠르게 어깨에 멘 총을 오른손으로 멜빵끈을 당겨 잡고 왼손으로 적재함의 돌출부를 쥐고 왼편으로 힘껏 뛰어내렸다. 그 순간 내 몸은 공중으로 올라가는 듯하더니 웬일인지 나는 오른편 바다 쪽 40미터나 되는 길 밑 무논에 떨어져 그곳에 하반신이 박히고 정신이 혼미했다. 분명히 산 쪽 왼편으로 뛰어내렸는데, 반대편인 바다 쪽인 오른편에 떨어져 있었다. 왜 그랬을까? 그 까닭을 알 수 없었다. 나중에야 깨달았는데 왼편으로 뛰어내리려던 나의 힘과 차가 오른편으로 급히 뒹군 힘, 이 두 힘이 합하여 내 몸은 하늘로 올랐다가 차의 회전하는 힘이 내 힘보다 많아 그 힘을 따라 오른편 바다 쪽으로 떨어졌던 것이다.

차는 나보다 늦게 길옆 경사지로 뒹굴며 내려오는데 바로 내 쪽으로 향하더니 바로 내 곁에까지 내려왔을 때, 햇빛을 가려 약간 어두워지니 덮치면 죽는 줄 알고 힘껏 뛰었는데 그것은 내 마음뿐이요 무논에 깊이 박힌 다리는 꼼짝도 안 했다. 나는 아무리 애를 써도 차를 피할 수 없었고 그 순간 죽음이 슬프거나 아무런 생각이 없이 차가 덮칠 줄만 알고 있었으나 덮치지 않으니 이상해서 차를 보니 바퀴 네 개를 옆으로 하고 그냥 누워 있었다.

그때 빠르르 하는 소리가 나서 소리 나는 곳을 보니 나보다 밑의 무논에 한 여인이 국회(수렁) 속에 빠져서 상체를 간신히 빼내는 소리였다. 머리카락과 상체는 모두 검은 국회 흙으로 덮이고 눈과 입만 하얗게 들어나 보여 흡사 귀신같고 애 하며 우는 울음소리조차도 귀신 울음소리 같았다.

나는 정신을 차리고 간신히 한 발씩 한 발씩 빼고 길 위로 올라서니, 20여 명이 모두 길옆 경사지 푸른 풀 위에 쓰러졌고 터진 머리에서 흰 골수와 붉은 핏덩어리가 길게 뻗쳐져 있는데 눈으로 볼 수 없는 참혹한 광경이었다. 조금 전의 푹푹 소리는 차의 적재함에 머리가 짓눌려

골이 터져 나오는 소리였다.

불과 몇 분 전에 그렇게 좋아서 웃어대던 자들이 모두 누워만 있고 한 사람도 움직이는 자가 없으니 미칠 것 같았다.

길 위로 올라가서 내려다보며 아무리 봐도 모두 쓰러져 누워만 있고 한 사람도 움직이지 않으니, "살아 있는 사람 없소?" 하고 고함쳤지만 대답하는 자가 없고 다 누워서 꼼작도 않으니 저승에 온 것 같고 무섭고 답답하여 울고 싶었다.

한참 후 운전석 문이 열리는 소리가 나더니 운전병 옆에 탔던 중령이 길 위로 올라오니 너무 반가워서, "살아계셨군요." 하고 거침없이 말하고 경례를 하려고 보니 계급장은 떼버려서 안 보였다. 그는 입이 잠겼는지 아무 말도 안 하고 나와 함께 거기서 가까운 하부마을(나의 태생지)로 가서 총을 쏘아 동민들을 모으고, 현장에 돌아오니 벌써 군과 민간 차들이 와서 사상자를 싣고 있었다. 그중에는 죽지 않고 살아 있는 자도 있었는데 그의 바짓가랑이에 죽은 자의 흰 골수가 붙어 떨어지지 않고 걸을 때는 너덜너덜 움직여 마치 서부활극에 나오는 카우보이 같았다.

적재함에 나와 같이 탔던 자는 모두 쓰러져 다 죽은 줄만 알았는데 그중에 산 자도 있었다. 그들이 병원으로 모두 간 후에 나는 우리 집으로 왔으나 이런 말을 들어줄 사람도 없고 하고 싶지도 않았다.

귀대하는 데 갑자기 형수가 부엌에서 급하게 나오면서, "왜, 형만 데려가고 나는 홀로 살게 하느냐? 나도 형에게로 간다!"며 얼굴이 붉게 성난 표정으로 나를 따라오니 나는 사고를 당하여 마음이 불안하던 중에, "형수가 가든지 말든지 내가 할 일은 아니잖소. 왜, 내게 화를 내

오?" 하고 말하니 어머니가 비를 들고 나를 때리며, "요놈아 아무 말도 말고 어서 가거라." 하며 형수를 데리고 들어가고 나는 급히 집을 나왔다. 훗날 어머니의 말에 의하면, "네 형수는 남편을 네가 데려가고 과부로 살게 한다고 너를 원망한다. 그래서 그날 네가 간 후에 '그놈 성나면 총을 쏠지도 모른다. 잠잠해라!' 하고 타일렀다."고 하는데 울 엄마의 이 말로 인하여 형수는 나를 총을 쏘아 자기를 죽이려 했다고 오해했다(이 사고가 난 곳 바로 위에 조상들의 산소가 있다).

33
휴전 회담장을 만들어두고

해가 서쪽으로 기울어질 때 우리 부대는 판문점이 멀리 보이는 근처 야산으로 이동해갔다. 정전시키겠다던 아이젠하워가 대통령에 당선된 후였다. 남북 상호 간의 총포 소리가 요란한 중에 저녁 식사를 하는데 흑인 와잇 하사(나와 같이 공구실 근무)는 밥을 타서 쥐고 오면서 가끔씩 주저앉았다가 걸어가는 꼴이 우스워 깔깔 웃었더니 그는 벌컥 화를 내며, "너희들 대가리가 날아가는 포탄을 타고 가버리지 않으려거든 나처럼 하란 말이야!" 하고 고함치며 독일 전선에서 복무한 것을 자랑했다.

북쪽에서 인민군이 쏘는 장거리 포탄이 판문점 야산에 주둔 중인 우리 머리 위로도 무수히 날아가고 있었다. 정전 시간은 밤 11시. 정전 10분을 남겨둔 10시 50분부터 총포 소리는 더 격렬했다. 무슨 원한이 저토록 쌓였을까? 저렇게 치열한데 포 소리가 멈추겠나? 시계를 보면서 기다려도 점점 더 심해지다가 10시 59분 55초가 되니 약간 수그러지더니 11시 정각에 뚝 그치니 고요하다기보다 적막해졌다. 우리들은 천막을 치지 않고 공기 매트리스를 깔고 총을 쥐고 침낭에 들어가서 잤다.

이튿날 새벽부터 우리 장비들은 그 총탄소리처럼 요란한 소리를 내며 불과 하루 반 만에 회담장을 완성했다. 조인식이 끝나니 인민군 포로들을 실은 차 수십 대가 북으로 갔는데, 포로들은 혁명가를 부르고 있었다. 다 지나간 길 양편에는 그들이 벗어 던져버리고 간 옷과 신발이 너저분했다.

우리 부대는 서울 천호동 야산으로 이동하여 가끔씩 도로 순찰이나 하고 서울 시내로 가서 책방과 공원으로 산책하며 그 겨울을 보냈다. 우리 부대원들은 귀국한다는 소식에 제대병(病)이 든 것 같아도 섭섭하여 모두 주소록을 만들어 나누었다. 미군들은 기쁨과 섭섭함이 섞여 있었고, 특무상사는 나의 손을 잡으며 쓸쓸한 표정으로, "하이 치(그는 '최'를 바로 발음하지 못했다), 이다음에 제대하거든 우리 집에 놀러 와요." 하고 말했다. 그는 한가하면 두 딸의 사진을 자랑삼아 보여주기도 했다. 미군들을 우리가 보내기 전에 그들이 먼저 우리를 한국군으로 보낸 다음에 간다고 했다.

간단한 송별식을 마친 후 우리 140여 명은 각자의 특기와 한국군의 중장비를 따라 흩어지게 됐다. 점심을 먹고 있으니 나를 찾아온 자들이 거침없이 미군에게 밥을 달라고 하니 혹시나 거절당할까 봐 조바심이 났으나 미군은 나를 두리번거려 보다가 주었다. 식사를 마치고 내 개인 장비를 들고 그들 차에 오르니 중부전선, 첩첩산중 노송이 하늘을 덮은 꼬불꼬불하고 오르막 내리막이 많은 길을 부지런히 달렸다. 어느덧 해가 서산으로 기울어져 소나무 숲 사이로 석양빛이 눈부시게 비쳐오는데 민가가 한 채 보였다. 그 집을 향하여 국군 한 명이 걸어가는데 그의 뒷모습을 보니 처량한 생각이 들었다. 다 낡을 군복이 푸른색인지 노란색인지 분간할 수 없고, 항고를 들고 가니 음식을 주러 가면 좋으련만 얻으러 간다면 주는 자로부터 좋은 감정을 받을는지? 이제 나도 저렇게 살아야 된다고 각오했다.

화천을 지나고부터 군 트럭들이 점점 많이 보이고, 거기서 더 가다가 큰길에서 꺾이어 차가 선 곳에 불무리 부대 간판과 흙으로 지은 막사가 가지런히 있었다. ○○사단 야전공병대대 앞이었다.

최일선 전방부대다. 인사과에 들어가서 전입신고를 한 후 장비과로 가서 또 신고를 하려 하니 과장 양 중위가 "이제 우리는 한가족이야. 안 해도 돼!" 하더니 미군 중장비 매뉴얼을 한아름 갖다 주며, "고장 난 장비가 많으나 꼬부랑글을 알아야 하지? 여태껏 기다렸어."라고 말하며 다 해결된 것처럼 훤한 얼굴이었다.

이튿날 운전병들을 앞세워 장비를 점검하니 몇 대 안 되는 장비가 깨끗하게 정비되어 있는데, 부속이 고장 나 있었다. 어떤 장비에는 경차량 부속이 끼어 있었다. 그다음 날부터 매뉴얼을 보고 고장 난 부속품의 저장번호를 찾아 고문관의 명령서에 그 번호를 적어 사단 고문관의 사인을 받아 정비중대(춘천1802부대)에 가 새 부속을 타 와서 갈아끼우니 다른 곳에는 별로 손대지 않아도 모두 잘 움직였다. 모든 장비를 가동시키고 부속고(部屬庫)도 새로 만들고 잘 망가지는 부속은 여유있게 신청하여 갑작스러운 고장에 대비했다. 불도저 제너레이터를 메고 오던 날은 무거운 쇳덩어리를 어깨에 메고 다른 부대 차를 몇 번이나 갈아타야 했고, 삼복더위에 땀을 흘리며 배가 고파 허둥지둥 걸어오는데, 검문소의 헌병이 "이것 자셔 봐요." 하며 동동주를 군대 컵으로 가득히 부어주었다. 그때까지 말만 들었던 동동주는 쌀알이 동동 뜬다고 한 대로, 정말 쌀알이 떠올라 있고 상큼한 향내가 교인으로서 술을 안 마셔야 한다고 명심했지만 목도 마른데다 마셨더니 얼마 안 되어 아랫배가 따끈하더니 눈이 밝아지고 힘이 나서 무거운 줄 모르고 메고 올 수 있었다. 사람들이 이래서 술을 즐긴다는 것을 처음 알았다. 그 후 그 헌병을 다시 볼 수 없었으나 그 검문소를 지날 때마다 감사하여 그 헌병을 오래도록 잊지 못했다.

날마다 출장증을 받으러 가니 인사과에서는 한 달분을 단번에 주었다. 나는 아침점호와 저녁점호를 받지 않아도 언제든지 출장 인원수에 들어갔다. 어느 날은 저녁점호 하는 것을 일찍 들어와서 보니 과장 연락병 함상돈 일병이 점호 받기 전에 바지를 벗더니 농구화로 엉덩이를 덮고 그 위에 바지를 입은 다음 허리끈을 평소보다 약간 밑으로 묶어 농구화가 떨어지지 않게 하고 나갔다. 그날 점호에 전원이 연대기 앞으로 엎드려 뻗치고 빳다로 쳤는데 모두 걷기 힘들어했으나 함 일병은 생글생글 웃으며 돌아왔다.

미군과 같이 양식을 3년이나 먹다가 한식으로 바뀌니 배 안에 자갈이 들어간 듯하여 양식이 생각나서 74공병대로 갔더니, 미군들이 여기저기서 "하이 돈! 초이! 하이던!" 하며 반가워했다. 식당에 들어가서 그들과 함께 오래간만에 양식을 배불리 먹고 부대 앞 큰길을 걸어오는데 길 양편 나무 위로 훨훨 날아오르는 것 같이 속이 편했다.

동기들은 하나둘씩 제대하여 몇 사람 남지 않았는데 나는 후임자가 없어 제대할 수 없다고 했다. 사실 그때 ABC만 알아도 후방부대가 먼저 차출해가고 전방까지 보내주지 않았다. 과장에게 애원하여 군산중학교 5년생 지 일병이 와서, 나는 그에게 성의껏 6개월 동안을 원님 모시듯 가르쳐 지 일병이 내 일을 능히 할 수 있게 됐는데, 휴가를 애원하여 그것마저도 승낙하고 보냈더니 가고 오지 않았다. 아무리 기다려도 오지 않아 다시 신병 2명을 장비계와 부속계로 나누어 가르쳐주고, 간신히 빠져나와 제대 대기자가 되어 일선 소대에 소속됐다.

날마다 길을 보수하러 큰 길 작은 길 할 것 없이, 눈 오는 날은 밤을 지새우며 쓸었다. 쓸고 나면 또 내리고 뒤돌아보면 쓴 것 같지 않으니 또 쓸었다. 몇 번인가 소대장은 중대장의 불시순찰로 체벌 받아 그 여파가 졸병들에게 미치니 휴전이라 할 수 없었다.

소금을 묻힌 주먹밥과 총탄 통에 강물을 퍼 담아 소금을 넣어 끓인 물을 국이라고 마셨다. 간혹 보급차에 소금에 절인 작은 갈치를 싣고 오면 차에 올라가서 훔쳐 날로 먹는 자도 있어 환장한 놈 같았다. 세수를 하면 얼굴에 뼈만 마찰되어 더덕 다탁 소리가 났다.

그러다가 제대특명이 나서 감격했다. 우리 집에 오니 울 엄마는 장에 가서 밥그릇을 사 들고 동민에게 보이면서, "우리 정지가시나(부엌식모) 왔다."고 기뻐하셨다. 그다음 날 형수는 조카를 업고 서울 형에게로 말도 없이 가버렸다. 형은 전쟁이 나던 그다음 해(1951년) 나를 따라 우리 부대로 갔고, 그때까지 형수가 5년 동안을 홀로 시부모를 모시고 살았으니 칭찬할 일이었다.

34
성인(成人)으로

백부님께 제대 인사하러 가던 도중에 교회 종소리가 들려왔다. 그 때 문득 생각난 것은 아버지가 선을 봐두셨다는 처녀가 그 교회에 있을 것 같아 가는 도중이니 보고 가려고 들렀다. 교회 앞에 왔을 때 맞은편에서 얼굴이 반듯하고 치마저고리도 깜찍하게 차린 처녀가 마주 보고 오다가 고무신이 벗겨지니 발을 끌어 급하게 신고 왼쪽 길로 교회에 들어가니 틀림없는 그 처녀 같았다. 나도 그 처녀 뒤의 멀지 않은 곳에 앉았는데, 찬송 부르는 목소리가 맑으면서도 강했다. 예배가 끝나고 나오니 아주머니 한 분이 다가오면서 인사하는데 그 처녀 얼굴과 같았다. 그날 큰집으로 30리 길을 혼자 걸어가면서 그 처녀의 태도와 옷차림은 더 말할 곳이 없으나 강한 음성처럼 성질이 강하면 나는 아버지처럼 약해질 것 같아 싫었다. 그러나 아버지를 거역할 수 없어 고민했다.

그 후 울 엄마는 또다시 자기는 며느리를 택하지 않겠다며, "우리 달이에게 시집오면 도장열쇠를 맡긴다."고 소문을 내어, 변 장로님이 나를 만나자고 기별이 왔다. 변 장로님은 나와 관동 한 마을에서 덕성리 교회의 유년부장으로 섬기셨던 분으로 나의 은사요 형님 같은 분이라 반갑게 만나 피난길에 고생한 일과 나의 군대생활 이야기로 정담을 나누다가 혼담이 나왔는데 자기가 중신하겠다고 선을 보라고 했다.

선을 보던 날, 수요일 저녁 예배를 마치고 교인 7~8명이 처녀 집에 모여 예배를 드리면서 서로 보게 하는데 부끄러워 얼굴을 들 수가 없어 고개를 숙여 언제까지나 방바닥만 보고 있었다. 방바닥만 보며 가만히 생각하니 예배가 끝나면 모두 흩어지니 선도 보지 못할 것 같아 용기를 내어 고개를 드니 상대편은 그때까지 나를 보고 있었던 것 같은데 고개를 숙이니 도저히 볼 수 없었다. 예배는 끝나고 모두 돌아가니 허무했다. 그 후 우리 둘만 오붓하게 만날 수 있었으나 아버지가 선을 봐두었던 그 처녀가 염려되어 결단하지 못해서 1년을 망설이는 동안에 어느 날 저녁, 퇴근하여 집에 오니 그 처녀가 내 방에서 기다리고 있다가 급하게 나에게 오니 나는 도망치듯이 집 밖으로 나왔다. 그녀는 "말 좀 합시다!" 하며 팔소매가 없는 원피스 차림으로 따라오는데 나는 집 뒷마을 끝까지 가서 돌아보니 그녀는 돌아가고 어스름 달빛 아래 벼 이삭이 탐스럽게 익어 고개 숙인 논 뜰이 새탕까지 자욱이 펼쳐져 대풍년을 알렸다. 그 길로 삼진 군의 방에 가서 잤다.

약혼한 후에도 1년이나 망설이다가 결혼한 것은 아버지가 좋아하시던 자를 거절하기 어려웠기 때문이었다. 주례자 정환구 목사님이, "검은 머리가 파뿌리가 되기까지 정수용 양을 사랑하시겠습니까?" 하고 물을 때, 나는 "예!" 하고 대답했다. 이날 직장동료들이 한 차 가득히 함께 왔다가 예식을 마치고 돌아가면서, "최 선생 이제는 먹을 것도 다 얻어먹고 예식도 끝났다! 가자! 차에 올라타라!" 하고 나를 붙들어 태우니 중신했던 변 장로님의 부인이 놀래며 뛰어와 나를 붙잡으며, "우무야꼬! 결혼을 처음 하니 모르는가 봐!" 오늘은 처갓집에 자고 가야 한다고 말하니, 이 선생이 "앗다! 결혼은 처음 하지! 두 번 하는 사람도 있어요?"라고 말하여 모두 깔깔 웃어댔다. 그들이 가고 나니 나를 인도하는 대방과 마주앉아 이야기를 하면서 신부를 기다렸는데 밤이 늦게 들어왔다. 한지로 된 창문은 벌써 손가락이 이곳저곳에서 뚫리고 그 작은 구멍에 눈알들이 샛별처럼 하나씩 하나씩 우리를 보고 있어, 속상하도록 얄미웠지만 어찌할 줄 몰랐다가 등불을 꺼버리고 저고리를 벗겨주고 황홀한 지경에 사무쳤다.

그때 청하초등학교 김 교장의 집에서는 우환이 계속되고 학교에서는 5학년 여자 어린이가 소풍 갔다가 차에 치여 죽는 사고마저 겹쳐 고민하다가, 귀신이 든 줄 알고 교인 교사를 채용하면 귀신을 물리친다는 말을 듣고 임시교사로 나를 택했다.

그 시절 음악교사와 미술 교사가 부족하여 여름방학도 놀지 않고 강습을 받으러 가고 가을 운동회나 학예회가 되면 바빴다.

내가 숙직하던 날에 장맛비가 꾸준히 내려 초저녁에 교내를 한 바퀴 돌아다녀 보니 자주 놀러오던 자들도 비가 오니 없었고 숙직실에서 자려고 하니 갑자기 문이 열리며 비에 젖은 신 선생이 흙투성이가 되어 방문 앞에 자빠지면서 혀 꼬부라진 소리로, "아이고! 최 선상잉교(최 선생입니까)?"라고 말하며, 신을 신은 채로 방 안에 엎드러졌는데 곧 교장이 나타났다. 그는 벌써 노기가 충천하여 신 선생을 넌지시 들여다보며, "멀리 도망가지도 못했네. 이게 누구냐? 신 선생이지! 맞지!" 하며 나까지 쏘아보더니, "소위 교육자란 자가 술에 취해 밤늦게 교장집에 들어와 행패를 부리다니! 그게 무슨 교육자냐?" 하고 소리 소리 쳤다. 신 선생은 꼼짝 않고 숨도 쉬지 않고 죽은 듯이 엎어져 있었다.

그 이튿날 교장실에서는 교장의 야단치는 고함소리가 요란했다. 음성이 높아질 때마다 직원실에 있던 여교사들은 깜짝깜짝 놀랬고, 교장 앞에는 신 선생이 고개를 푹 숙인 채 죄수처럼 아무 말도 못 하고 서 있었다.

직원들이 궁금해하니 이 선생이 사실을 털어놓았다.

어제 직원종회를 마치자마자 신 선생이 한잔하자고 앞장서서 술집에 가서 술에 취해 버렸고, 신 선생은 집도 먼데다 비가 와서 갈 수 없으니 숙직실에서 자라고, 교문 앞에서 들여보냈다고 한다.

숙직실은 교문에서 오른편으로 20미터 떨어져 있고 교장 사택도 바로 옆에 있고 그 문들이 인접해 있었다. 숙직실은 건물만 있고 담이 없어 미닫이문만 열면 숙직실이며 교장 사택은 문이 담장에 연결되어 있는데 신 선생은 숙직실을 바로 앞에 두고 불이 밝은 교장 사택을 숙직실로 착각하고 들어간 것이다. 들어가려고 하나 문이 있어 들어갈 수가 없고 비는 쏟아지고 문을 흔들어도 열리지 않아 자세히 보니 문 밑과 땅 사이에 좁은 틈을 발견하고 그 틈으로 개처럼 기어들어 갔다. 힘이 들고 비는 퍼붓듯 오니 화가 나서, 친구 교사들이 있는 줄 알고 호봉이 높아 평소에 큰소리를 쳤던 버릇과 장난기가 섞여, "문, 열어라!" 하고 고함치니 아무 대답이 없어, "아무 놈도 없느냐! 문을 못 열까?"

하고 고함을 쳤다. 그제야 문이 좌르르 열리면서 교장선생님이 나타나서, "누군얏!" 하고 고함치니, 그때서야 정신이 번쩍 나서 보니 교장선생님이 아닌가? 그래서 부랴부랴 도망치려고 뒤돌아서니 밝은 창문을 보다가 갑자기 돌아서니 캄캄해서 아무것도 안 보여 쩔쩔매다가 한참 후에 문이 보여 또다시 들어올 때처럼 대문 밑 틈으로 개처럼 기어나오니 바로 앞에 숙직실이 보여 들어갔다고 재미있게 말하니 대단한 일로 여기지 않았으나, 그 후 신 선생은 모든 교사들이 하고 싶어 하는 6학년 담임도 박탈당하고 두메산골로 좌천되더니 불과 몇 달 안 되어 또다시 오니 서 교장과는 고양이와 개처럼 대립했다.

신 선생이 결근하던 날 교감 지시로 내가 맡은 학급이 있는데도 그의 학급까지 보결수업을 하는데 차성식이가 장난치다가 다리를 다쳤다고 장학사에게 알리어 교장 입장이 난처해지는 것을 보고 나는 사의를 하고 곧장 아버지가 일하는 논으로 달려갔다.

35

농자천하지대본(農者天下之大本)

그때 아버지는 방가지실 밭을 논으로 만들려고 청부자에게 맡겼는데 보뚝에 물을 넣을 때마다 무너져 날마다 100미터나 되는 보뚝을 혼자서 고치고 계셨다.

물 얻기가 어려울 때라, 물을 얻었을 때 충분히 넣지 못하면 다음 차례가 될 때까지 벼가 말라 죽기도 하니 차례가 되어 물을 넣다가 보가 터지면 20리나 되는 태산에 해가 지고 어두워도 말목할 나무를 베어와서 밤잠을 자지 않고라도 보를 고쳐 물을 넣어야 했다.

남들은 고은 옷을 입고 추석을 즐기는데, 아버지는 보를 고치니 바로 길옆이라서 길 가던 자들이 멈춰 서서, "어떤 놈들이 보를 이따위로 만들었노!" 하며 화를 내지만, 정말 화를 내야 할 아버지는 유구무언이시다. 나는 창피스러워 높이가 3미터가 넘는 보뚝 밑에 숨어 일하는데 사표를 낸 줄 모르는 자들이 "최 선생이 농사일도 하시네요?" 하고 인사해도 못 들은 척했다.

보가 터지면 보가 선 논 주인이 벼를 다친다고 야단치니 그에게 보상한다고 빌면서 모든 일을 제쳐두고 부자(父子)가 그 일에 매달렸다.

어느덧 가을이 되어 고생한 보람으로 우리 벼는 다른 벼보다 월등하게 잘되어 잎과 줄기가 논바닥이 안 보이게 가득 차고 무성하며 굵은 벼 이삭이 목이 부러지도록 많이 달려 황금빛으로 고개 숙인 모양을 보고 지나가는 자들이 감탄했다. 밭으로 오래도록 걸어진(기름진) 땅의 힘이 물에 녹아서 풍작을 이루어낸 것이다.

우리 식구들은 생전 처음 우리 논에서 자라난 벼로 쌀밥을 해 아버지 상에도 한 그릇 봉긋이 담고 우리 모두 소원대로 실컷 먹으며 형에게도 보냈다. 그랬더니 형이 논을 더 사라고 돈을 보내주었고, 울 엄마가 벌어서 산 것까지 논이 4천여 평이나 되니 나 혼자서 할 수 없어 머슴을 고용했으나 그에게 품삯을 주고 나니 남는 것이 없어 나 혼자 하기 시작했다.

가을 추수가 끝나면, 후청(가래)을 소에 매달아 깊이 갈아엎고 봄에는 산에 새로 돋아나는 나뭇잎을 퇴비와 함께 허치고 또 한 차례 갈아엎고, 음력 대보름이 지나면 모심기 날을 정하고 일꾼들을 예약하면 그날까지는 모를 심을 수 있게 논을 만들어야 된다.

진달래 꽃망울이 분홍색을 띠면 물 잡기를 서둘러야 된다.

먼저 논에 물을 넣어 흙이 물에 풀어지게 하고 후청으로 갈아서 더 풀어지게 한 다음 또다시 써레로 흙을 짓이겨 흙이 풀 같이 풀어져 물이 빠져나갈 틈이 없게 한다.

이렇게 혼자서 5천 평 가까운 여섯 곳을 다하려면 20여 일을 계속일

해야 했다. 그래서 과로하게 되니 밥을 먹으면 배가 아파 먹지 못하고 밀가루 풀을 쑤어 주전자에 담아 마시며 서둘렀다. 바쁠 때에 소변은 왜 그렇게 자주 마려운가? 눌 때마다 단추를 여럿 다 닫았다 하니 단추 구멍에 흙탕이 붙어 잘 열리지 않아 개방해버린다. 이 바쁜 시기에 봐서 안 될 곳을 누가 한가롭게 보고만 있으랴 싶어…….

이렇게 준비가 다 되어 모내기 날이 되면 일꾼들은 약속한 날에 어김없이 새벽부터 우리 논으로 찾아와서 모내기가 시작된다. 두 사람이 줄 양 끝을 쥐고 뻗쳐서 줄을 따라 일꾼들 20여 명은 옆으로 늘어서서 줄 눈금에 맞추어 뒤로 물러나면서 심는다.

울 엄마는 마을에서 가장 벼를 잘 심는 자들만 골랐으니 모내기 소리도 잘한다. 살면서 특별한 사실을 한마디씩 교대로 노래하는데 하다가 우스운 이야기를 하는 자도 있다.

"어저께 딸 매기네(막내딸) 모심기를 하다가 소쿠리 엄마가 오줌이 급하여 바로 옆에 보리밭에 가서 주저앉다가 보리이삭이 바로 그곳에 들어가서 빼내려고 하니 점점 더 들어간다고 울상을 하드니 어찌 됐노?" 하고 말하자 모두 배를 쥐고 웃어 한참 동안 일이 중단된다. 하루 종일 허리를 구부려 일하는 모심기는 허리가 부러질 듯 아픈 중노동이다. 이렇게 웃으며 피곤함을 잊으려 한다.

무엇보다 점심때가 가장 즐겁다. 물속에서 일하니 배는 더 고픈 데다 정성껏 만든 음식을 여럿이 들에서 함께 먹으면 밥맛이 한결 더 난다. 울 엄마는 한 달 전부터 사둔 아기 세숫대야만 한 넓은 국그릇에 팔팔 뛰던 고등어와 수제비를 약간 넣어 정성껏 만든 국을 가득히 퍼주면 다 먹고 난 후 더 먹는 자도 있다.

아침, 점심 두 차례의 식사와 참과 소먹이를 이고 들로 나르는 아내도 힘들다. 모심기 철이 되면 좁은 논길을 사람과 소들이 수없이 오고 가면서 밟아 미끄러운 길을 아내는 넘어지지 않고 용하게 다녔다. 모두 그러한 고단함도 해가 질 무렵이면 여섯 곳 4천여 평에 다 심어지고, 어디서 온 놈들인지 개구리들이 우리 소리를 흉내 내듯 개골개골 하는 합창소리를 들으면서 돌아오는 발걸음은 무거워도 마음은 날아갈 듯 가볍다. 벼농사의 큰일 한 가지를 마쳤으니…….

모는 뿌리가 흙에 닿기만 하면 잘 뻗어나간다. 2주가 지나면 잎이 무성하여 논바닥을 덮으며 그 밑에서는 온갖 생물의 정든 고향을 이룬다. 7, 8월의 뜨거운 햇볕에 벼는 급히 자라면서 물을 가장 많이 흡수한다. 여섯 곳을 돌아다니며 물을 얻어 넣어야 되고 비료도 제때에 주지 않으면 벼는 영양실조로 잎이 황색으로 변하여 자라지 않는다. 비료를 하루 종일 손으로 뿌리면 팔이 아프다. 병충해도 가장 심할 때다. 농약은 독약이지만, 아내는 논둑에서 분무기를 저어 호스로 보내주면 나는 분사구를 쥐고 벼 잎 사이로 다니며 뿌리니 해가 질 때까지 뿌리면 벼 잎에 묻었던 농약이 옷에 묻고 피부로 스며들어 어지러워 걸음이 휘청거려 집에까지 간신히 돌아온다. 농부는 농군이 되어 병해충들과 싸우는 것이다. 도열병은 급히 번진다. 병균이 더 퍼지기 전에 박멸해야 하고 병해도 많고 충해도 여러 가지니 벼가 익을 때까지 약통을 가까이 두고 대기해야 한다.

그러다가 산들바람이 쪼금 불어도 병충해는 삽시에 사라지고 먼 산에 단풍이 한 잎씩 물들면 벼도 황금빛으로 변하고 농군들은 추석 한가위를 즐긴다.

36
울 엄마의 소원

벼는 구름 한 점 없는 가을 하늘의 따끈한 햇볕에 나날이 황금빛으로 변하다가 쓰러지니 그전에 베야 된다. 가장 잘된 하송리 780평 벼를 형에게 자랑하려고 먼저 벴다. 새벽부터 일꾼들의 낫질 소리가 두둑두둑 앞뒤에서 나며 메뚜기들은 집을 잃고 뛰어다닌다. 아침 해가 솟아오를 때 아내는 밥을 이고 왔다. 햅쌀밥에 열무김치 또 갓 잡아온 굵은 갈치에 빨간 고춧가루를 뿌린 된장찌개로 논바닥에서 진수성찬이 열린다.

베어낸 벼는 무댕기(크게 묶어 놓은 볏단)로 묶어 논둑에 X자로 나란히 세워 말린다. 이와 같이 여섯 곳에 벼가 다 마르면 리어커를 소에 매달아서 싣고 집으로 운반하여 탈곡하기 쉽도록 나지막이 쌓으면, 울 엄마는 "높이 쌓아 올려라."고 명령하시니 힘이 없는 아버지는 볏가리 위에서 쌓고 나는 밑에서 볏단을 던져 올리니 점점 볏가리가 높이 쌓아지면 던져 올리기가 힘들어 허리가 부러질 듯 아프다. 왜 곧 타작하는데 이렇게 높이 쌓으라고 하실까? 치워버리고 싶었지만 아무 말도 하지 않고 그 높은 볏가리를 세 개나 쌓아 올리고 난 후에야 울 엄마의 그 뜻을 알게 됐다.

장에 왔다가 집으로 돌아가던 자들이 우리 집 뒷길을 걸어가다가 멈춰 서서 우리 볏가리를 손짓하면서, "덕천리에 부자 났네! 저게 누구네 집 볏가리냐?", "최 선생 집이야! 그 모친 장사해서 돈 벌어 부자가 됐다네." 하고 말하는 소리를 나는 담 밑에서 엿듣고 울 엄마가 볏가리를 높게 쌓아 올리라는 명령의 의미를 그때서야 알았다.

울 엄마는 집을 나갈 때나 들어올 때면 늘 볏가리를 쳐다보시며 한참씩 서 있었다.

예전에 다른 집들은 추수가 끝나면 마당에 높은 볏가리를 쌓아 올려두고 비가 오면 모두 낮잠을 자는데 울 엄마는 고래 고기를 이고 이 집 저 집 팔러 다니며 그 높은 볏가리가 부러워서, "남이 날 때 나도 났건마는 내 팔자야~ 내팔 자야~" 하고 슬피 울던 눈물이 이제는 보석이 되어 눈앞에 나타났으니 얼마나 흐뭇하셨을까?

그 얼마 후에 '경상북도 영일군 청하면 덕천리 최성달이 부자가 됐다.'고 KBS와 MBC 9시 뉴스에서 동시에 방송했다.

37
자네가 나서야 하네!

아침부터 시작했던 상송리 세 마지기 논 물 잡기가 끝나면서 해도 지고 곱게 물들었든 저녁노을만 약간 남아 있을 때 나물 캐러 산으로 갔던 여인들이 돌아오면서, "신영이 아버지요 그만하고 집으로 갑시다."고 말해주니 나도 써레와 후청을 지게에 싣고 소를 앞세워 돌아오는데 마을에 들어서니 골목길에서 쪼그리고 기침을 심하게 하던 마을 좌상이 간신히 일어나면서, "이 사람아 날 좀 살려라. 저 도적놈들(이장과 동유사들)이 동리를 팔아 술로 다 마셔버리니 골목님이 나를 데려가려 한다. 자네가 나서야 한다!"며 처량하게 나를 쳐다보았다.

어릴 때부터 봐온 이장의 인상은 언제나 술로 얼굴이 붉어져서 마을을 왔다갔다하는 자로 알고 있었으니 나도 '그렇게 되려니, 말 같은 소리냐?'고 속으로 나무라며 그저, "예."하고 지나쳐 버렸다.

그 후 5·16 군사정부가 시작되면서 잘못된 이장은 가려낸다고 하니 사기꾼으로 알려진 자가 이장이 되려고 암암리에 면장에게 청탁하니 상우가 그 집에 가서, “이장이 되면 그냥 둘 것 같으냐?”고 야단쳤다. 벌써 면장은 좌상과 노인들의 말만 믿고 나를 이장에 임명했다. 전 이장이 물려준 것은 부서진 농악기 몇 개와 부채 3,700원이었다. 그보다 더 어려운 것은 유사와 의논해야겠는데 모여주지 않았으며 또 더 어려운 일은 동 소사가 “동회 나오시오.” 하고 외쳐서 동민들을 모아주어야 상부지시를 전달할 수 있는데 소사도 안 한다고 하니 부득이 내가 소사의 일까지 하고 다녀야 했다.

처음 일이라서 너무 힘들어 그만두고 싶은데 잘못된 마을로 소문난 데다 내 이름도 소문날 것 같았다. 뒤로 물러나기보다 앞으로 갈 수밖에 없었다. 밤낮으로 고심하다가 군청 공보실에 가서 호소하니 앰프와 스피커를 주었다. 그것을 집집마다 달고 확성기로 말하니 소사가 외치는 것보다 훨씬 빨랐고 뉴스와 일기예보와 농사교육과 연속극도 들을 수 있으니 그 시절 라디오도 살 수 없었던 가난한 동민들은 기뻐했다. 농약을 치고 비가 오면 씻겨버리니 일기예보는 스피커로 듣고 확성기로도 말하여 들에서도 듣게 하니 이웃 동민들도 듣고 감사하다고 말했다.

그때 라디오 연속극 ‘삼현육각’을 방송하는 시간은 온 마을 사람들이 스피커에 귀를 기울여 마을이 저승같이 고요했다. 도중에 정전이 되면 전파사로 쏜살같이 뛰어가는 자도 있었다.

그 후 농협장도 이장이 겸직하라는 정부 지시로 농협 상무가 우리 마을 관계서류를 들고 왔는데 집집마다 외상 비룟값이 쌓여 있었다. 즉시 집집을 다니며 물어보니 모두가 전 조합장 한씨가 동민들에게는 돈을 받고 비료를 팔고, 외상으로 가져갔다고 서류를 위조했다고 말했다. 전임 조합장 방의 책상에는 전 동민들의 도장을 양말 속에 넣어 둔 것이 넌지시 보였다. 그는 수년 동안 동민들로부터 받은 비룟값으로 어장을 사고 고물상을 운영하여 잘 됐으나 술로 탕진했다. 그리고 고물수집 엿장수들을 고용하면서 보수를 못 주니 수염이 길고 백발의 늙은 노인은 그날 낮에 쾌활하게 웃으며 엿을 팔며 건강했는데 갑자기 죽어 밤중에 마을 뒤 야산에 암매장하고, 또 며칠 안 되어 초저녁에 젊은 엿장수의 고함과 시끄러운 울음소리가 담 너머로 들려왔다. 그 밤에 또 죽어 암매장하러 우리 집 앞길로 시체를 메고 갔다. 그 밤은 하늘도 성난 듯이 시커먼 구름들이 하늘 가득히 덮여 거친 바람에 밀려 흘러가며 달빛은 구름 사이로 간간이 비쳤다가 캄캄했다가 하여 나는 온몸에 소름을 느꼈다(고물상의 엿장수는 주인집에서 모두 합숙했다).

전 조합장은 자기가 살던 좋은 집을 내어놓고 밤에 남몰래 마을을 떠나고 그 아들과 부인은 나 때문에 집을 뺏겼다고 나를 치니 그의 처조카와 동민들이 몽둥이를 들고 때려죽인다고 몰려들어 도망쳤는데 그들은 그 길이 마지막 길이었다. 다시 오지 않았다. 그도 이장도 우리 마을에 온 지가 얼마 안 된 자들을 오 조사가 임명했다.

그런 재간이 없었던 나는 우리나라에 처음 외국에서 여러 가지 비료(요소, 가리 인산, 복합 등등)가 들어오니, 그것들을 정확하게 계산하다가 보면 새벽닭이 울어도 나는 동사무실에서 수판에 얽매여 있었다. 한 집에 줄 비료도 열 가지가 넘는 데다가 백 호나 되니 복잡했다.

그 일들을 3년을 하니 논 한 마지기가 없어졌다.

넷째 아이가 태어날 때 토끼처럼 튀어나왔다. 산모도 아기도 허약하여 살아날까 걱정됐다. 동민들은 이장이란 자기 돈을 써가면서 일하는 자로 여기게 됐고 늙은이들 중에는 원래 예수 믿는 자들은 그렇다고 태연했다. 그중의 몇 사람은 도와준다고 동리 앞 상수리나무 한 그루를 팔아주었다. 그때서야 "자네가 나서야 한다."던 좌상이 원망스러웠다. 그러나 그런 생각은 길지 않았다. 나를 가난한 자들을 돕게 하려고 하나님이 맡겨주신 이장직이며 은혜의 벼슬이라 생각되어 아기 이름을 은경(恩卿)이라 지었는데 출생신고를 하러 면사무소에 가니, 그때 친구 이춘호가 호적계에 있었는데, 아기 이름을 미경(美卿)이라고 고쳤다.

이장으로 3년이 지나니 마을에서 술을 즐기는 자와 정직하지 못한 자들이 숨어버리고 바른말을 하는 믿음직한 청년들의 이상적 마을을 지향하는 모습이 보여 최영출 씨에게 그 자리를 인계하고 물러났다.

그 후 얼마 안 되어 새마을 사업이 시작되면서 면에서는 또 지도자로 임명했으나 마을 일은 할 만큼 했으니 더 할 수 없다고 거절했는데, 담당 면직원이 간곡하게 말했다. 그는 말썽 많은 마을이 어떻게 변했는지를 보았다. 똑똑한 자는 모두 도시로 가고 농촌에는 없다고 하지마는 그래도 나보다 훌륭한 경력과 실력자가 우리 마을에는 그때도 있었는데 우매한 나 같은 자를 내세우니 순종할 수밖에 없었다. 또다시 옛날로 돌아갈까 봐 염려한 것이다.

마을 길을 넓혀 차가 들어오게 하고 홍수가 나면 도랑물이 넘쳐서 무너질 것 같은 곳과 해마다 새로 만들던 나무다리를 시멘트로 만들었다. 이런 일에 부자는 한 치의 땅도 내어주지 않았으나 가난한 자는 선뜻 내어주며 온 동민이 합심했다. 지붕 개량은 목돈이 들어 모두 주춤했는데 논을 팔아 했더니 한 집씩 차츰차츰 시작됐으며 수도 시설이 시작될 때 또 그 부자가 자기 단독으로 하면 관리비가 적다고 동민들을 유혹했지만 한 사람도 듣지 않고 면민들과 단합하여 완공되어 추운 겨울에 무거운 항아리를 이고 우물까지 오가던 여인들은 웃음이 가득했다.

행정 구역도 10리나 먼 송라면에서 바로 옆의 청하면이 됐다.

전기시설이 시작되면서 그 부자가 온갖 전기 제품을 사용하여 집집마다 전기요금을 많이 내게 하여 전 동민이 아우성쳤다(이 사람이 일랑씨인데, 허 과부 아들이다).

김신조가 왔을 때 예비군이 창설되어 마을 소대장으로 임명되니 청년들을 소대로 편성하여 각개훈련을 하며 마을 요소마다 초소를 지어 밤새도록 간첩을 살펴야 했다. 김일성은 동해안 ○○○ 씨 집의 토담 한 곳이 무너진 것까지 안다는 시대였다.

38

울 엄마는 달라졌다

내가 제대하니 형수보다 울 엄마가 더 기뻐하셨다.

장사에 바빠서 부엌일을 맡기면서 "우리 정지가시나 제대했다."고 기뻐하니 나는 부모 곁에 있게 됐다. 그리고 5 · 16 군사정부의 중농정책으로 나는 지게도 져보지 못했지만 어설픈 농부로 살게 됐다.

논을 사들인 울 엄마의 장사가 잘된다는 소문을 돈 많은 부자들이 듣고 차를 몰고 몰려와서 차지하니 울 엄마는 뒷전으로 물러나게 됐다. 아버지는 울 엄마에게, "여보! 우리가 이곳 관동에 왔을 때는 가난하다고 천대하며 뺨을 맞고 살았지! 그때 보리등겨죽을 지겹도록 먹였던 우리 아이들에게 쌀밥 한 번 먹였으면 싶었는데 이제는 날마다 쌀밥을 먹고, 우리를 부자라고 말하는 자들도 있으니 이게 모두 임자가 죽도록 고생한 보람이요. 하나님이 우리를 가엾게 보시고 내리신 축복이니 더 바랄 것이 있겠소? 이제는 기력도 예전 같지 않으니 몸조심하며 건강하게 살다가 하나님께로 가기요. 병들면 자식들에게 걱정거리가 되는 거요. 우리 아이들이 복 받고 살기를 기도하러 교회에 열심히 나갑시다!" 하고 타이르기를 온갖 정성을 다했다.

그러나 울 엄마는 허 과부를 폭로시키려고 한 것이 미처 생각하지 못했던 오 조사까지 파면되게 했다며 양심에 가책이 되어, "오 조사를 파면시키고 무슨 낯짝으로 교회에 가노?" 하면서 교회에 가지 않고 자기를 반가워하는 마을 친구들이 모인 곳으로 갔다. 그들은 마을에서 잘못한 자의 험담을 하여 울 엄마가 시비를 판단하여 주기를 바라니 어떤 자는 자기 가족의 잘못도 털어놓고 허 과부의 남편이 일본 헌병 앞잡이였다는 등 밤새도록 말해도 끝나지 않았다.

그 시대 여인들은 시집갈 때 부모들이 '귀머거리로 3년, 소경으로 3년, 벙어리로 3년을 있어야 한다.'고 가르쳤기 때문에 여러 사람 앞에서 말하지 않는 것을 미덕으로 여겼지만, 울 엄마는 12살 때 부모를 잃고부터 어머니와 같은 분들 속에서 일을 하게 되어 도리가 분명했다. 울 엄마가 말하면 모두 "옳지! 옳지!" 하며 그 말이 옳은 말이라고 맞장구를 치니, 그때마다 술을 사주어 이들의 모임은 그 수가 점점 늘어나서 밤마다 성황을 이루어 울 엄마는 이 모임에 푹 빠지게 됐다.

그들 중에는 아들이 셋이나 있어도 홀어머니인 자기를 모실 아들이 하나도 없는 것이 서러워, "며느리란 년들은 모두 도둑년들이라." 며 울었다.

그녀의 남편은 옛날 울 엄마와 같은 장돌뱅이였다. 장돌뱅이 남자들은 지게로 건어물을 지고 다닌다. 그는 우리 마을에 살던 같은 최 씨였는데 울 엄마가 소금에 절인 생선을 무겁게 이고 20리 길을 오가면

쨍배기(정수리)가 부어올라 더 갈 수 없이 아플 때는 그가 지게로 져주었고 사례비는 막걸리 한 사발로 만족했다. 울 엄마는 고마워서 그를 오빠라고 불렀는데, 그는 죽고 부인만 살았으니 옛정을 못 잊어 술을 나누고 언니와 동생이라 부르며 가슴을 털어놓고 지난 일을 이야기하며 밤을 새웠다. 이들의 모임을 이어지게 한 것은 허 과부의 죽은 남편이 일본헌병 앞잡이였으니 모두 분노를 일으켰던 것이 크게 작용했다. 그래서 남의 남편을 가로챈 것과 합하여 죽일 년이라고 이구동성이었는데 허 과부와 똑같이 그의 남편도 헌병 앞잡이로 일하다가 죽어 과부였던 자가, "왜 성구 엄마가 말썽이냐? 허 과부가 자기 서방과 놀아났나!"고 말하니 이들은 극히 반발하며 더욱 모이게 된 것이다. 그것이 일본의 압제를 반항하는 정신이지만 분명한 표현은 할 줄 몰랐는데 이같이 자연히 나타내보였다.

그 당시 초등학교에 가을 운동회는 면민의 축제였다. 자식들의 운동경기를 보려고 면민이 모두 모이니 울 엄마 친구들 20여 명은 다 같이 손을 잡고 파출소 앞을 휩쓸며 사람도 차도 길을 막게 하니 소장이 비키라고 야단을 쳤는데, 울 엄마가 소장(所長)의 멱살을 쥐고 "이놈아! 너는 아비도 없나!"고 달려들어 소장이 사과했으니 이 사실이 화제가 되어 널리 퍼져 어느 날 이장(里長) 회의 때 소장이 말하여 나를 무안하게 했다.

수요일 밤 교회 유년부 예배설교를 하러 가려고 일어서니 울 엄마가 갑자기 내 방에 들어오면서 넥타이를 조르는 동시에 뒤로 넘어지면서, "이놈이 나를 친다."고 고함치니, 그날 밤 밤새도록 울 엄마가 달라졌다며 울었다.

그다음 날은 곤히 자는 밤중에 내 방 앞에 와서 "너희 두 연놈이 나를 독살(毒殺)시키려 했지!" 하고 고함치니, 어쩌면 이럴 수가 있는가? 나는 어머니를 태산처럼 믿었는데……. 절벽에 떨어진 듯 세상이 슬퍼졌다. 큰아이를 고등학교에 진학시키려 했으나 어머니가 반대하니 아이는 골방에 들어가 슬피 울고 있었다. 그때 나는 돈을 벌어야겠다는 결심을 하게 됐다. 그래서 살피던 중에 제철소가 포항으로 확정되어 땅값이 오르기 시작했을 때, 대토하려고 하니 울 엄마의 반대로 할 수 없었는데 그 후 포항 땅값은 빠른 속도로 올랐다. 낙농업이 시작될 때도 울 엄마에게 간절히 말했으나 못하게 하니 한 마리만 집에서 하려고 해도 거절하니 더 의논할 수 없었다.

이런 사실을 어떻게 알았는지 서울에서 형수가 어머니를 모시겠다고 내려와서 고운 옷으로 갈아입히고 형님댁으로 가면서 마을 한가운데 먼 친척 집에 인사하러 들어가더니, 울 엄마는 마당에 풀썩 주저앉아 "아이고, 원통해라. 내가 새(혀)가 빠지게 벌어 논(畓)도 사고 소도 샀는데, 저 도둑 연놈들에게 다 뺏기고 간다."며 울며 뒹굴어 고운 새 옷이 먼지투성이가 됐으나 주위에서 위로하여 서울로 갔다.

서울에 가신 지 한 달도 못 되어 형수와 싸우고 되돌아오셨는데 집에 들어오지 않고 이 집 저 집 돌아다니시니 아내가 애원하여 집으로 모시고 왔다. 더 이상 소용없는 말을 하면 역효과만 날 것 같아 묵묵히 정성을 다해 모셨다. 이렇게 불효한 자니 교회에도 갈 수 없을 것 같았다.

아내를 야단치면 나는 때리기까지 해가며, 배우지 못한 농사를 힘을 들여 밥을 먹지 못하면서도 알뜰히 했는데 결과가 이렇게 될 줄은 꿈에도 몰랐다. 아버지도 타이르다 못 하여 서울로 가셨으니 나도 속수무책으로 세월만 보냈다. 그 해 12월 초순경에 박장동 목사님의 사모님이 갑자기 오셨다.

우리 교회를 떠난 지 오래됐는데 만나니 반가웠다. 사모님은 "달이가 보고 싶어 왔다."고 하시며 보경사에 놀러 가자고 하셔서 갔으나 봄부터 가을까지 화려했던 나뭇잎들은 모두 떨어지고 가지만 앙상하고 맑은 물이 흐르던 개울에는 낙엽만 쌓였는데 다람쥐 한 마리가 소나무를 올라가는 쓸쓸한 풍경을 보면서 할 말이 없었다.

사모님은 개울 가운데 돌 위에 서서 아무 말도 없이 한참 있다가 "달아, 오늘 내가 왜 온 줄 아나? 오늘이 우리 순자 죽은 날이다. 너와 같이 ○○중학교에 다녔는데 살았으면 너만 할 터인데 갑자기 너라도 보고 싶어 왔다."며 슬퍼하셨다. 사실 목사님이 우리 교회에서 시무하실 때(일제시대)는 너무 어려워서 핏기가 없었던 고인의 모습이 떠올라 나도 목이 메어 한참 동안 말을 못했다. 그날 밤 사모님을 우리 방 구들목에 모시고 밤늦도록 시무 당시의 추억담을 하셨다. 사모님은 말씀 도중에, "달아 우리 함께 살자."고 가끔씩 말씀하셨는데 슬하에 자녀들은 아직 어리고 도와주던 죽은 큰딸이 그립고 아쉬워하시는 것 같아 안타까웠다. 사모님은 그 이튿날 저녁녘에 천천히 자택으로 가면서, "달아! 언제 또 볼꼬? 구마! 우리하고 같이 살면 좋겠다!"고 말씀하시고 버스에 오르셨는데, 보내고 돌아오면서 얼마나 큰딸이 아쉬웠기에 남의 속도 모르고 같이 살자고 거듭 말씀하실까? 그 말씀이 쉽게 떨쳐지지 않았다.

1973년 가을 추수를 마치고 돈을 벌 수 있는 곳을 찾아보려고 포항,

경주, 대구 등지에 아는 사람들을 찾아가기에 앞서 형에게 납득을 시키려고 먼저 갔더니, 형이 말하기를 "자기가 샀던 논을 팔아 자기 집 마당에 가게를 세워 장사하면 잘될 것이니 아이들을 공부시켜라."고 말했다. 내려오면서 형을 감사하게 생각했으나 한편은 대구 박장동 목사님께도 마음이 갔다. 내려오면서 들렀더니 목사님 집은 바로 길가에 있었고 긴 마루를 목사님이 보이면서, "자네 처는 여기서 가게를 하고 너는 블록(벽돌)을 찍으면 지금 대구는 집을 많이 짓고 있으니 잘 팔린다."고 말씀하셨다. 하룻밤을 자고 그 이튿날 집으로 내려올 때, 사모님은 "오드라도 엄마에게 잘 말해라."고 당부하셨다.

집으로 내려오면서부터 두 곳 중에 한 곳을 택해야 되는데 아무리 생각해도 결단할 수 없었다. 그런 가운데 형으로부터 속히 가게를 지어야 한다고 독촉 편지가 연이어 오고, "형제보다 남이 더 좋으면 다시는 상종하지 않을 것이라."는 격한 말까지 써 보냈다. 형이 지금까지 이런 말을 한 적이 없었으니 대구 박 목사님에게 간다는 말을 누가 알렸는지 나는 몰랐고 순종할 수밖에 없었다.

39

하늘이 무너지던 날

그때 나는 박 목사님이 오라는 대구로 갈까, 형이 오라는 서울로 갈까, 어느 곳으로 갈까? 결단이 나지 않아 고민했다. 그런 가운데 형의 마지막 편지대로 서울로 가기로 결정하니 망설이던 마음이 후련해졌다. 아이들 공부만 끝나면 다시 돌아와서 어머니와 함께 산다는 계획을 하고 해마다 지붕을 볏짚으로 새로 덮는 일을 개량하라는 새마을 사업도 실행할 겸 이구디(지명) 996평을 팔아서 슬레이트로 개량하고 나머지 논은 울 엄마와 자식들의 식량으로 남겨두고 형이 사준 논을 팔아 아내와 둘이서 돈을 몸속에 감추어 세 차례나 서울 형에게 갖다 주니, 그때서야 어머니가 "그 논은 조금만 팔아줘라! 너희 아버지가 갓(山林)을 팔아 논을 사려고 하던 돈인데 내가 네 형에게 주었다가 도로 받은 돈이다."고 말했으나 그때는 다 준 후였다.

나는 형제간에 네 것 내 것 가릴 생각을 해본 적이 없었는데 어머니도 그런 줄만 알았으나, 그렇지 않음을 그때서야 알고 어머니께 잘못한 줄 알았지만 다 줘버렸으니 돌이킬 수 없었다.

서울에 가게를 짓는 일도 난생처음이라 어려웠다. 형은 부실공사를 할까 봐 감시하라고 하니 이층 아래층을 오르내리며 아내는 일꾼들의 간식을 하니 집짓기가 힘들다는 말만 듣다가 해보니 정말 힘들었다.

공사가 막바지에 이르렀을 때 아이들만 남겨둔 시골에서 급히 오라는 전보가 왔다. 그때는 전화도 집집마다 없을 때라 흉한 일이 생겼을 것 같아 급히 서둘러 고속버스로 고향 집 앞 골목에 들어서니 해는 지고 저녁노을에 넓은 마당에서 여름에만 쓰는 큰솥에 신영(큰딸)이가 저녁밥을 하면서 비에 젖은 짚이 불타지 않고 연기만 나니 구푸려 입으로 불다가 눈물을 흘리고 있고, 은실, 은경, 순정은 나란히 마루에 기대서서 밥이 되기를 초조하게 바라보고 있었다. 돌봐줄 줄 믿었던 울엄마는 보이지 않았다.

"왜 전보를 했느냐?"고 물었더니, "앞집 아줌마가 미쳐서 밤이 되면 칼을 휘두르며 동리 골목골목을 돌아다니다가 우리 집 지붕에 올라가서, '새마을 지도자 최성달아, 나오너라! 노름쟁이 잡아가라.'고 소리소리쳐서 무서워서 잠을 자지 못해요."라고 말했다. 그의 남편이 노름으로 가산을 탕진하고 이사 온 지 얼마 안 된 자들인데, 그 집에 가보니 마당에는 옷가지가 너저분히 흩어져 있고 순경이 그 미친 자를 데려가고 없었다. 은경이는 학교를 마치면 날마다 큰길로 나와 엄마를 부르며 울다가 해가 져야 집으로 온다며 머리에는 이가 많아 헐어서 헌데가 나 있었다. 어머니는 "집도 팔아가라! 이구디 논은 네 몫이니 아이들도 돌봐줄 수 없다. 다 데려가라."고 하시니 신웅이는 어려운 포고 시험에 합격했지만 할 수 없었고 울 엄마의 냉정한 말에 서울 길은 눈물로 잘 보이지 않았다.

가게가 다 되어 입주하려고 형의 말을 기다렸으나, 3일이 지나도 아무 말이 없어 갑갑했는데 3일째 되던 날 해질 무렵 형수가 힘없이 고개를 숙이고 가까이 오더니, "가게공사비가 부족해서 전세로 나갔으니 가게는 줄 수 없어요. 방을 얻어 나가시오."라고 말했다. 그 말을 듣는 순간 하늘이 무너져 덮어버리듯 앞이 캄캄하고 아무것도 안 보였다.

티끌만치도 의심하지 않았던 형과 형수였으니 기(氣)가 막히면서 말(心)도 막혔다. 그 자리에서 꼼짝해지지 않았다.

얼마나 시간이 흘렀는지 정신을 차리고 가만히 그곳에서 물러 나와 그때까지 내 몫의 논(이구디 996평)을 팔아 지붕 개량을 하고 아내와 둘이서 세 차례나 오르내리던 여비를 쓰고 남은 16만 원으로 방 한 칸을 전세로 얻어 일곱 식구가 누우니 비좁아서 나는 바로 눕지 못하고 모로 누울 수밖에 없었는데 새벽이 되어 등이 방바닥에 닿으니 따뜻하여 천당 같았다. 뚫린 천장 구멍으로 별이 보여도 아이들은 서울에 왔다고 기뻐서 재잘거리다가 잠들고 고요해진 밤, 나 홀로 온갖 걱정이 밀려왔다.

나를 부자라고 방송하던 때가 어제 같은데, 남의 셋방에 누웠으니 꿈만 같았다.

후회막심했다!

고향이 그리웠다!

내려가고 싶으나 나머지 논으로는 살길도 어렵겠고, 박장동 목사님은 생각조차 못 했던 것은 형(兄)은 적(敵)으로 생각했으므로 이렇게 되어 가면 더 나쁘게 여길 것 같았다. 이곳에서 살길도 암담했다.

이튿날 아내는 그 가게(내가 하려고 했던 가게) 앞을 서성거리더니 가게 앞 길바닥에 채소를 펼치고 팔기 시작했다. 11시 통행금지 사이렌이 성대골에 길게 울려 퍼지면 행인들도 노점상도 다 집으로 가고 휀히 비워진 길바닥 위로 찬바람이 불어오는데 아내 혼자 남아 그때까지 반도 팔지 못한 채소를 조금이라도 팔아 양식을 사 먹으려고 동상에 걸린 발가락이 따갑고 가려워 팔딱팔딱 뛰면서 간혹 지나가는 자에게 애걸해서 팔았다. 아이들은 팔다 남은 채소로 된장국을 끓여 약간 썩은 정부미로 밥을 해줘도 잘 먹고 감기 한 번 안 걸렸다.

부끄럽지만 주인집에서 먹고 남은 고기 찌개를 개에게 준 것을 막내가 가져다 먹으니 식모가 그다음 날은 개에게 주지 않고 갖다 주니 아내는 뺏어 치우며 야단쳤다. 먹고 살아야겠다는 생각은 새벽 4시면 눈이 떠지게 했다. 세수는 찬바람이 해주고 리어커를 끌고 노량진 뒤 언덕길로 걸어서 용산 태양시장(지금은 전자상가)에 가서 아내가 먼저 와서 사둔 채소를 가득 싣고 한강교를 지나오면 강에서 불어오는 칼바람에 채소는 얼고 다리 밑에는 떨어져 자살한 사람의 시체가 몇 달이 지나도 찾아가는 자가 없어 반듯이 누워 지나가는 자를 향하여 "야, 너도 고생깨나 한다! 못난 녀석! 그만 나처럼 뛰어내려 봐!" 하고 말하는 것 같았다.

모태신앙이라는 자부심은 서울이라는 모진 바위에 부딪쳐 산산이 부서지고 먹이를 찾아 헤매는 한갓 동물에 지나지 않았다.

TV가 그때 처음 우리나라에 나와서 귀할 때 아이들은 저녁만 되면 큰집에 가는데 형이 퇴근하면서 팔다 남은 과자를 들고 와서 주면 조카들은 먹지만 내 자식들은 보기만 했다. 막내는 조카들이 과자를 쥐고 입에 넣어 씹을 때까지의 그 모든 과정을 자세히 보느라고 고개를 숙였다 올렸다 하다가 마지막 과자가 입에 들어가서 씹을 때는 침을 삼키는 모양이 애처로웠다. 하루는 그들이 함께 밥을 먹다가 "돼지같이 먹는다."고 비난하여 다투니 어머니들(형수와 아내)이 다투고, 어느 날 내가 큰집 현관에 들어서니 조카들이 "삼촌! 우리 집에 오지 마요." 라고 아우성을 쳤다.

그 후 어느 날 저녁 내 방 안에 찬바람이 불어 갑자기 몸이 오싹하여 무서운 기분이 들더니, 은실이가 외마디 소리로 "아버지! 큰아버지 오셨어요." 하고 소리쳤다. 그때까지 내가 허물어진 전세방에 사는 것을 한 번도 와보지 않았다가 오니 당황하여 나는 마중 나가 방문 앞에 서니 느닷없이 자빠트린 후 올라타고, "니놈이 집 안 사준다고 우리 아이를 울렸지?" 하며 구두 뒤창으로 치기 시작하니, "형님 그런 게 아니요. 집 안 사줘도 좋아요."라고 아무리 말해도 머리 뒤통수 한 곳만 계속 치면서 "이놈! 죽어봐라!"고 하니 아파서 더 견디지 못해 대항할까 하다가 천륜(天倫)과 앞날이 생각나서 참으면서 꾀를 부려 죽은 듯이 사지를 쭉 뻗었더니 그제서야 중지하고 살펴보더니 도망치듯이 가버렸다. 머리 뒤에 또 하나의 머리처럼 크게 부어올라 송곳으로 찌르는 것 같은 통증이 느껴졌다. 뇌 속의 모세혈관이 충혈되어 터지면 죽는 줄 알고 아내도 옆에서 꼬박 그 밤을 새웠는데 1초마다 찌르는 듯한 통증이 그 밤이 지나 새벽녘이 되니 1분 간격으로 약해지고 다음 날 저녁때는 30분 이상으로 희미하게 되어 약간 부어올라 보였다. 그보다 더한 고통은 조카들에게 모욕을 당한 것이었다. 맞아 죽는 것보다 더한 분노가 점점 커져 가슴에 가득 차서 마음이 찢어질 정도로 아파도 그 고통을 내 마음대로 없어지게 할 수 없었다. 차라리 내가 잘못해서 맞았으면 잊혀져서 더 나을 것 같았다. 그래도 참을 수밖에 없었던 것은 예수님의 말씀에 순종한 것이 아니라 행여나 우리의 앞길을 도와줄까 싶어서였다.

시커먼 얼굴은 추워서가 아니라 마음속에 울분이 나타난 것이며 한 가족이면서 오지 마라 하며, 아버지도 보고 싶으나 자주 오지 말라고 하니 천리타향에서 외롭고 슬퍼 하나님은 멀리 있거나 없는 듯했다.

40
환상이 아니라 실상이었다!

앞에서 언급했듯이 성대시장 맞은편 길 건너에 16만 원으로 허술한 전세방 한 칸에서 일곱 식구의 서울 생활이 시작됐다. 이 집에서 추운 겨울도 즐겁게 살았는데 추위가 다 지나니 집을 새로 짓는다고 집주인이 나가라고 했다. 또 어디로 갈까 걱정했는데 성대골 깊숙한 곳, 느티나무 집에 널따란 두 칸 방을 같은 16만 원으로 얻게 되니 무척 기뻤다. 아이들과 나누어 자게 되니 방이 넓어서 좋았고 주인도 좋았다.

그날 일을 마치고 마당에 있는 우물물로 세수를 한 후 내 방문을 여니 석양빛이 창문으로 스며들어 방안을 밝게 비춰는데 옆의 아이들 방문이 덜그럭덜그럭 소리를 내며 어렵게 조금씩 열리더니 다 열리지 않은 그 좁은 공간 사이로 난데없는 십자가가 좌로 우로 삐딱삐딱 움직이며 내 방 입구에 들어와서 의젓이 서 있으니 아이들이 나를 놀래려고 장난치는 줄 알았다.

누군가 붙잡고 있을 줄 알고 그 손을 보려고 자세히 보니 그런 손도 없는데 십자가만 의젓이 서 있으니 '야, 이상하다. 어떻게 나무로 된 십자가가 설 수 있나?' 하고 의심하며 정신이 번쩍 나서 눈을 크게 뜨고 봤다.

그래도 여전히 십자가의 나무뿐이니 슬그머니 겁이 나고 무서워졌다. 그 시간에는 아이들도 주인도 없고 나 혼자 있으니 더욱 불안했다. 그 십자가 나무는 불과 7입방 센티미터로 길이는 내 키만 하고 표면을 벽지로 발랐는데 시골 우리 집 흙벽에 발랐던 풀 모양이 그려진 천한 벽지였다.

한참 동안 나를 향하여 보란 듯이 의젓이 서 있으니 처음보다 무서움이 적어졌는데, 그다음에는 과감하게 내 앞으로 소리 없이 다가오면서 위로 쑥 오르더니 십자가가 교차된 곳이 내 가슴보다 위가 되어 멈췄을 때 그때서야 성령이 역사하시는 줄 알아지고 두려움이 없어지고 정다워지며 곧이어 십자가가 교차된 곳에서, 하트 모양의 팥알만 한 빨간 핏방울이 내 가슴으로 떨어지는 모양이 선명(鮮明)하게 보이며 내 가슴에 닿는 순간 시원해졌다.

그 시원함은 가슴에서 시작하여 온몸으로 손끝과 발끝까지에 이르고 점점 더 시원하여 걷잡을 수 없이 시원하니 이 세상의 말로는 표현할 말이 없는 시원함이었다.

가슴이 시원한 줄만 알았는데 찢어질 듯이 꽉 차서 아팠던 것이 송두리째 없어지고 지극히 평안하니 과연 내가 그 괴로운 것들(분노, 울분, 살기 등)을 가슴이 찢어지도록 품고 어떻게 살았을까 싶었고, 지옥에서 천당으로 온 것 같았다.

그리고 기뻐졌는데 그 기쁨은 태산(泰山) 같은 파도처럼 내 몸을 덮치니, 나는 "감사합니다. 감사합니다." 하고 연거푸 말해지며, 또 그때 힘이 나서 쇳조각이라도 오그릴 것 같았다.

그 기쁨은 점점 더해지더니 사랑이 홍수 때처럼 물밀 듯이 밀려와 온 세상 사람들이 모두 다 사랑스러워졌다.

그중에도 나를 저주하고 모함하던 원수 같은 자(39항)를 가장 먼저 사랑해야겠다는 생각이 들었다. 그 사람 때문에 가슴이 터지게 분노와 원망과 살기(殺氣)를 품게 된 고로 이 같은 은혜를 받게 된 것이라고 생각됐다. 그때 나는 이 세상 사람이 아닌 것 같았다.

그러한 시원함은 내 주위에 가득 찬 것 같았다.

주위를 둘러보니 먼 곳은 멀어질수록 빛이 약하여 검푸른 색이 더 많아 아무것도 없고 내 곁은 높은 창공 같은데 나는 떠 있었고, 그 창공은 검고 푸른색으로 어두운데 거미줄 같이 가느다란 흰 구름이 선명하게 45도로 드리워져서 바람도 소리도 전혀 없어 꼼짝하지 않았으나 한참 보고 있으니 약간 움직였다. 이러한 가운데 나도 나를 볼 수 있었는데 내 몸은 그 창공에 떠 있었다.

이렇게 되는 동안 얼마나 시간이 지났는지 알 수 없으나 내가 방문 앞에 서 있는 것을 내가 보게 됐을 때는 십자가도 창공도 보이지 않고, 다만 "감사합니다. 감사합니다."는 말만 하면서 내 방 입구에 서 있었다.

참으로 놀라운 일이었다. 그때까지 나는 성경의 이적기사나 예수님의 부활은 믿어지지 않았다. 또 이런 일이 나에게 나타날 줄은 생각한 적이 조금도 없었다. 하지만 십자가가 감탄할 만큼 선명하게 보였고 억울하여 분노가 가슴이 찢어지도록 꽉 찬 것이 송두리째 없어지고 시원함과 기쁨과 사랑이 많아져서 중지할 수 없이 넘쳐 원수도 사랑하는 새사람으로 변하게 하니 무엇이 그렇게 했을까? 예수님이 그랬다면 내가 고통 가운데 있음을 그가 어떻게 알았을까? 성서에 이런 기록이 있는가? 찾는 중에 시편 139편에 다윗 왕의 시를 찾아 읽고 또 읽으며 감탄하면서 3천 년 전에 이런 일이 벌써 있었음을 알게 됐다.

"하나님이여 주께서 나를 살펴보셨으므로 나를 아시나이다.
내가 앉고 일어섬을 아시고
멀리서도 나의 생각을 밝히 아시오며,
나의 모든 길과 내가 눕는 것을 살펴보셨으므로
나의 행위를 익히 아시오니 하나님이여
내 혀의 말을 알지 못하시는 것이 하나도 없으시니이다.
주께서 나의 앞뒤를 둘러싸시고 내게 안수하셨나이다.

※ 이 사실을 체험하게 된 것은 형이 이태원 범람한 곳을 피하여 상도동으로 이사할 때, 아버지와 나는 성대교회를 택하여 온 가족이 다녔으며 맏딸은 장기택 목사 주례로 결혼하고 울 엄마는 가다가 넘어져 다리가 부러져서 회개하고 즉시로 운명했다. 나는 목사님이 붙드는 데도 이 교회를 떠났는데 장로는 되어도 집도 없어지고, 아내는 화상(3도)을 입고 형은 이 교회를 떠나 여러 교회를 전전하다가 스스로 끝났다.

41

오늘도 걷는다마는

형은 잘못을 깨달았는지 나를 용산 미8군 풀 깎는 인부로 알선해주었다. 첫 출근을 하는 날 용산 미8군 정문을 들어서니 미군들이 먼저 인사하며 미소 짓는 모습이 카투사로 근무할 때가 생각나서, 왜 나는 집에 파묻혀서 허송세월만 보냈던가 후회됐고 명예스럽지 못한 직명이 부끄러웠지만 지금 나는 천사 같은 다섯 자식들의 배를 채워줘야 하는 각박한 처지에 있기에 그런 것을 따질 때가 아니었다.

일터는 10만여 평에 잔디가 펼쳐졌는데 넓은 곳은 트랙터에 기계 낫을 매달아 깎고 좁은 곳을 우리들 인부가 깎았다.

우리 20여 명의 인부들은 모두 무작정 서울로 올라온 가난한 40대의 농촌 남녀들로 낫으로 풀을 깎으면서 오순도순 이야기를 하다가 돌림노래도 했는데, 내 차례가 되어 목청을 가다듬고 "오늘도 걷는다마는 정처 없는 이 발길 지나온 자국마다 눈물 고였네" 하고 한 곡조 뽑았더니 앙코르가 쏟아졌다. 가장 더운 여름날은 피서를 갔다. 미군들이 마시고 버린 깡통을 주워 모아 압축한 것이 한 트럭이 넘었는데 그것을 팔아 맥주와 양주 등을 사서 대형관광 버스에 싣고 피서지에 가면 누구든지 실컷 마시라고 반장이 말하니 술을 좋아하는 자는 초저녁부터 맥주 더미 위에 올라앉아서 밤새도록 자지 않고 마시고, 새벽에는 쓰러져 있으니 죽은 줄 알았다. 이렇게 자유롭게 놀고 일하다가 가을이 되어 풀은 마르고 없어지니 해고되어 그해 긴 겨울을 지나 다시 풀이 돋아나서 오라는 기별이 와야 일하고 3년을 그렇게 하다가 식당 그릇 닦기로 취직이 되니, 1년 내내 일을 하며 식당에서 버리는 닭 모가지 등을 주어서 반찬을 하니 식생활은 해결됐다.

그릇 닦기도 보통 일이 아니었다. 잠깐 동안에 먹고 난 그릇들이 입구까지 가득 쌓여 손을 다쳐도 바빠서 싸맬 틈이 없었다. 그렇게 2년을 하던 중 빵 만드는 자가 해고되어 내가 지원하여 맡게 됐다.

전임자 김씨가 일주일 동안을 가르쳐주어 나도 잘 만들었는데 그 겨울이 지나 봄이 오니 빵이 부풀어 오르지 않고 딱딱하여 그동안 잘 먹던 미군들이 빵을 내동댕이치며 못 먹겠다고 소리쳤다. 걱정이 되어 미군의 빵 만드는 매뉴얼을 사전을 찾아가며 밤을 새워 몇 번이나 통독해도 내가 잘못 만드는 이유를 알 수 없었다. 무척 고민하다가 내일이면 인정된 제과사(Baker)로 교체한다는 마지막 날에야 그 이유를 깨달았다. 그것은 봄이 와서 따뜻해졌는데도 전임자 김씨가 가르쳤던 대로 겨울에 빵을 만들 때처럼 우유를 끓이니 반죽온도 36도가 넘어서 빵을 부풀어 오르게 하는 이스트가 죽어버렸던 것이다. 그래서 온도를 낮추었더니 일류 빵이 되어 나부터도 놀라게 됐다. 손님들은 식사를 하고 돌아가면서도 빵을 사 가고, 사령관 사모님은 친구들을 데리고 내가 일하는 주방까지 와서 칭찬했다. 손님들이 점점 많아지고 관광단이 올 때는 하루 천 개 이상을 만들어야 하니 장소가 좁아 야간 작업을 하며 주방 모든 기구와 장소를 나 혼자 사용하니 같은 시간에 더 많은 일을 할 수 있었고, 크리스마스 때는 3일 주야를 자지 못하고 '케이크'를 만들며 졸려 쓰러질 듯해도 감사했다.

식품창고 열쇠를 가지고도 미원 한 개도 없어지지 않으니 감독하던 사무직의 안씨는 "최씨, 고지식하면 자녀들이 어려워요!" 하고 말했으나, 아이들의 용돈은 생각지도 못했고 학비와 생활비가 모자라 밤일이 익숙하게 되어 시간이 남으면 연못에 빠진 골프공을 주어서 팔아 학비에 보탰다. 물이 차지 않는 봄부터 가을까지는 좋았으나 11월이 되면 살얼음이 얼어 하체가 빠질 듯이 시려 "도저히 못 하겠다."고 혼자 중얼거리면서 나가다가도 아이들이 생각나서 다시 들어갔다. 논에서 풀을 매듯이 허리를 구부려 물속을 더듬어 줍는데 30~40분이 되면 다리도 손도 얼어 굳어져서 공을 쥘 수가 없어 할 수 없이 나와 잔디 위에 발을 디디면 철사처럼 언 잔디에 찔리듯이 아플 터인데 아무런 감각이 없었다. 그러다가 한참 있으면 따뜻해지고 감각이 되살아나서 걸을 수 있었다.

세월이 흘러 어느덧 60세가 되니 정년퇴직하여 1년을 더 하고 '쟈스맥(해군 식당)'에 다시 들어가서 2년을 하고 끝나니 생활이 막연했다.

15년 동안 제과사(Baker 5급) 경력자로 우대할까 싶어 빵 만드는 직장을 우리 사회 신문에 광고하여 찾았지만 한 곳도 없었다. 생활이 어렵기 시작하니 집 짓는 곳에 인부로 일하다가 방수회사에서 2년을 일하고 힘이 없어 공원 청소를 하다가 2009년 11월 18일 전국의 기온이 갑자기 뚝 떨어지고 추워 나뭇잎은 그 한날 추위로 다 떨어졌는데, 그날 나는 넘어져서 다시 일할 수 없게 됐다.

그동안 수도 없이 전세방을 전전하니 어떤 곳에서는 재래식 변소에서 구더기가 침실로 수없이 들어오고 어떤 집에서는 밤중에 연탄가스로 중독되어 온 식구가 문밖으로 기어 나와 김치물을 마시고 살아나기도 했다.

자식들의 고생은 나보다 더했을 것인데 다섯 녀석들이 한 마디도 원망하는 아이가 없었다. 어느 겨울밤 아이들이 잠든 후에 아이들 방에 들어가 보니 전등도 끄지 않고 모두 잠들었는데 한 녀석은 엎드려서 공부하다가 책 위에 얼굴을 대고 잠들었고, 바로 앞에 마시고 남은 물그릇에는 얼음이 얼어 있었다. 내 형편도 모르고 대학만 가면 되는 줄 알고 서로 다투며, 결혼도 한 달에 두 녀석이 앞 다투어 가려고 해서 정신없이 다 치르고 나니 보태어준 것도 없이 허리가 휘청거렸다.

이제는 제각기 짝을 지어 내 곁을 떠나고 아내와 둘만 남아 시원하고 섭섭하며 하나밖에 없는 아들을 달라는 형을 위해 하나 더 낳으려다가 다섯이나 낳아 고생을 하며 또 그들에게 물려주었으니 지나간 일들이 후회스럽다. 이제는 보태주려 해도 힘이 없고 죽을 날만 기다린다.

42
울 엄마는 천사 같았다

아버지는 17세 때부터 어부였으며 해일을 만나 죽을 뻔하셨고(06항), 울 엄마도 죽을 뻔하셨던 고로(07항) 농촌으로 이사하자고 아버지를 설득하여 농촌으로 이사하셨으니 아버지는 농사일이 서툴고 농토도 적어 소작농으로 몹시 고생하셨다. 자식들을 춥지 않게 하시려고 추운 겨울에도 태산에 올라가서 땀을 흘리시며 나무를 지고 오시던 모습이 지금도 눈에 선하다.

주일날이면 모든 일을 제쳐두고 교회일을 하셨는데 종치기, 청소, 성경 가르치기, 지교회를 번갈아 가며 예배를 인도하시고 점심이라도 대접받고 오실 때는 얼굴이 훤해 보였으나, 겨울바람이 모질게 불어 싸락눈이 아버지의 얼굴을 쳐서 상기된 채 굶고 돌아오실 때는 불쌍해보였다. 울 엄마가 장짐을 날라달라고 하면 교회로 가시다가도 두말하지 않고 지게로 져서 운반하셨다. 공과공부 가르칠 시간이 지나도 한마디도 불평하지 않으셨는데 울 엄마는 생활능력이 없다고 폭언을 자주 하니 형이 자기 집에 모시고 조카들에게 신앙을 가르치다가 돌아가셨다.

운명 3일 전, "내가 왜 이렇게 아프노! 네 엄마 보고 싶다. 네 엄마 시락국죽(우거지죽) 먹고 싶다."고 말씀하시니 급히 전보를 쳤으나 울 엄마는 오지 않았다. 이때에 아버지는 어릴 때부터 지은 죄가 모두 생각나서 회개하셨는데 어머니에게도 잘못한 일을 다 회계하려고 "보고 싶다."고 말씀하셨던 것이다.

운명하실 때는 형의 문간방에서 나 혼자만 있는 쓸쓸한 가운데 극히 평안한 모습으로, 찬송가 "예수가 거느리시니 즐겁고 평안하구나."를 부르자고 하시며, "이제는 안 아프다! 나는 천당 간다. 너희들도 예수 잘 믿고 오너라. 서울에서 살려면 집이 있어야 된다. 내가 산 방가지실 논을 팔아 집을 사라!"는 말을 끝으로, 목 안에서 '딱' 소리가 들려오니 숨길이 닫치는 순간이었다.

먼 길인데도 고향에서 조객들이 오고 다니시던 서울 이태원 교인들과 목사님의 주례로 발인식을 드리고 탄현 기독공원 묘지에 안장하니 향년 85세셨다.

아버지의 임종 때도 만나지 않던 울 엄마는 "다 서울로 가라!"고 말씀하시고 장돌뱅이 장사를 다시 시작하며 밤마다 친구들과 술을 마시고 사주니 몇 년이 안 되어 돈도 인정도 다 떨어지고 아버지도 죽고 인생의 허무함을 그때서야 깨닫고 아버지가 생전에 간청하셨던 교회에 나가려고 하셨다. 하지만 고향 교회는 오 조사를 파면시켜(12항) 부끄러워 가기 싫어 서울 형님 집에 오셔서 처음으로 교회에 가시던 날인데, 형의 손을 붙잡고 가면서도 길 가운데서 넘어져 다리가 부러지니 병원에 입원하여 큰 못을 박고 근 1년을 치료하여 잘 걷게 됐는데 그때부터는 교회 가기가 무서워진 것이다. 그래서 교회는 단념하고 서울 친구들에게 가다가 남은 다리마저 부러져 자식들에게 미안해서 감추었으나 아픔을 참지 못하여 울며 방 안에만 계시니 자식들이 알고 또 병원에 갔으나 95세의 고령이라 모음(마취)할 수 없다며 수술을 못 하니 끊어질 듯이 아픈 통증을 진통제를 자셔도 아프니 날마다 우셨다. 그러다가 방바닥에 버려진 성경을 읽으니 아픔이 멈추어 기뻐하며 큰 글 성경책 두 권이 다 낡아지도록 날마다 읽으면서 잘못한 일이 생각나면 잘못했다고 입으로 말하면 마음속까지 시원해지니, 나만 가면 신기하다고 말씀하시며 기뻐하셨다.

울 엄마는 요셉이 형제들을 용서해준 이야기며 여러 이야기들을 즐겨 읽으셨는데, 예수님의 말씀은 외우기도 했다. 그중에 "누구든지 나를 믿는 이 작은 자들 중 하나라도 실족하게 하면 차라리 연자맷돌이 그 목에 매여 바다에 던져지는 것이 나으리라"(막 9:42)는 말씀은 오 조사가 깨닫고 회개해야 된다고 격분하더니, 곧 "나는 죽일 년이다. 나 때문에 오 조사가 파면됐다."고 울며 아버지와 나에게도 폭언한 것을 잘못했다고 하며 허 과부에게는 슬픈 노래조로, "아이고 일랑 네야! 일랑 네야! 나는 죽일 년이다. 용서해라! 용서해라!"고 눈물을 흘리며 사과하니 울면서도 마음속에는 기쁜 마음이 생기면서 아프지 않고 기뻐지니 성경책이 낡아져 또 큰 것을 사고 돋보기도 사서 드렸다.

찬송가 '내 주를 가까이 하려 함은'을 자주 부르시다가 4절까지 외워 부르시게 됐으며, '내 고생하는 것', '천성에 가는 길 험하여도'를 부르실 때는 눈물을 흘렸고 우리들도 울었다. 그리하여 아프다는 말은 없고 95세의 노인답지 않게 국에다 밥 한 그릇을 자시니 뼈가 붙어 곧 걸어 다닐 줄 알았는데 갑자기 설사를 심하게 하시다가 홀연히 돌아가시니 꿈만 같았다.

형이 다니던 교회 성도들과 가족들이 예배를 드리고 내가 가입했던 상조회에서 염하여 관 속에 들어가실 때는 왜 그렇게 작아 보이는지…… 저렇게 작은 몸으로 어떻게 팔도강산을 돌아다니며 한 번도 병들어 눕지 않았을까? 기적 같은 일이어서 울 엄마는 가난한 우리 집에 오신 천사 같았다.

43

하늘의 보응, 대심판

1995년 11월 25일 탄현기독공원묘지 아버지 옆에 울 엄마를 묻어도 "달아 배고팠지!" 하시며 훤히 웃으시던 그 얼굴이(12항) 살아계셨을 때처럼 내 앞으로 다가옵니다.

가랑비가 내리던 어느 늦은 가을 해가 질 무렵에 옷을 꿰매시면서 "남이 날 때 나도 나고 아들 낳고 딸도 낳아 잘도 잘도 크건 마는…… 나는 나는 왜 이런가? 내 팔자야 내 팔자야……." 하고 신세를 한탄하시며, "내가 고생한 것을 누가 알아 주노? 하늘도 모른다! 땅도 모른다! 글을 쓸 줄 알았으면 한 구루마(소달구지)도 넘는다. 그런데 저 화냥년(허 과부)이 내 귓떼기(뺨)를 때리는 것만도 분통한데 한 번 싸왔으면 그만이지, 왜 욕을 하고 잊을 만하면 또 하고 또 하노? 하루도 속 편할 날이 없다! 무슨 귀신이 덥혔나?" 하고 역정(逆情)을 내시니 분노가 하늘까지 올라가 아버지의 간절한 말도 교회도 하나님도 다 잊어버리고 간음현장에 암행(暗行)하여 빰을 치며 복수하니, 오 조사는 파면(罷免)되고 허 과부는 비참하게 죽고 울 엄마는 1년 후 며느리, 손자, 딸이 이어서 죽었습니다.

아버지는 "오른편 빰을 치거든 왼뺨도 돌려대라."는 예수님 말씀으로 가정예배 때마다 간곡하게 타이르셨으나 울 엄마는 가난하면 괄시를 받는다며 이때부터 장돌뱅이 장사를 치우고 서울 남대문시장 화성상회를 오가며 우리나라에서 처음 여자 대상인으로 20여 년을 하여 졸부가 돼셨습니다. 8 · 15해방 덕분이었습니다. 그러나 돈 많은 자들에게 상권(商權)을 빼앗기고 낙심했을 때 아버지는 교회에 가자고 또 간청하셨으나, "오 조사를 파면시키고 무슨 낯짝으로 가노?" 하시면서 마을의 가난한 친구들을 동정하며 교만해져서 파출소 소장 멱살을 잡고 흔들며 아버지는 외식적인 교인이고 나에게는 독살시키려 했다고 누명을 덮어씌웁니다(38항). 거기다 형도 가세하여 '죽어봐라!'고 때리니 억울하고 원통하여 죽고 싶어졌습니다. 내가 잘못했다고 해도 자식이요 아우인데 이처럼 죽도록 때리고 독살시키려 했다는 누명을 덮어씌울 분들은 절대로 아니며 귀신에게 유혹된 것입니다.

형은 누구보다 오 조사를 분노했습니다. 그는 불륜이 폭로되어 파면되기 전까지 설교하는 말 가운데 "고기 배때기나 따먹는 무식한 자가 거짓말을 하고 다닌다."고 하니 이를 갈면서 "나는 오늘 이 교회 마지막이다. 돈을 벌어야겠다."(22항)며 추운 겨울에도 마룻바닥에 꿇어앉아 독학하여, 한미정상들의 비상회의에 오찬(午餐)을 요리하여 유명해져서 미8군 신문에 가족사진까지 대서특필로 소개되어 서울에서도 남을 돕고 살았으나 불치병에 걸린 자식이 있는데다, 아들 회사가

IMF 때 부도나서 고민하다가 정신 착란을 일으켜 자살했습니다. 사탄은 형이 오 조사를 분노할 때부터 따라다니며 생명을 노리고 있었던 것입니다. 귀신이나 신명을 《성호사설》과 '나래의식' 등으로 우리 선조들은 믿어왔습니다.

성서는 이와 같은 귀신(사탄)이 뱀으로 가장(假裝)하여 인간의 시조 아담을 유혹하고 예수님은 유혹해도 안 되니 하나님을 가장 잘 섬긴다는 제사장들을 유혹하여 강도는 살려주면서 예수는 죽였습니다.

이처럼 간교(奸巧)한 사탄(귀신)은 하나님이 시종 들게 하려고 창조하신 천사였으나 하나님을 거역하다가 벌을 받아 원수(사탄)가 됐다고 합니다.

사탄은 하나님의 하시는 일을 방해하기에 갖은 수단과 방법으로 인간생활 모든 분야를 조종(操縱)하지만 하나님과 함께하는 자는 속지 않으나, 이들(사탄)이 주는 나쁜 버릇이 몸에 습관이 들면 썩어들어가도 쾌감을 느끼면서 죽어지는 것입니다(강간살인). 세계 1, 2차 대전과 세계대전 같은 6 · 25는 사탄의 유혹으로 대량살상이 이루어진 것임을 보여주셨습니다. 귀신은 먼저 갑자기 도전하고 성령 하나님은 의로운 편을 승리하게 하십니다.

나는 네 살 때 아버지의 손을 잡고 교회에 가는 버릇이 생겼는데(05항) 이와 같이 형에게 맞고 울 엄마의 황당(荒唐)한 누명으로 죽고 싶었을 때도 주일날은 교회에 가는 버릇이 나를 살렸습니다. 교회에 앉아 있으면 나쁜 생각(마귀)은 사라지면서, 홀연히 40항에서 언급한 것과 같이 십자가의 피로 기쁨과 사랑이 넘치고 원수도 사랑하는 생각이 꽉 찼습니다. 새 마음이 되고 난 후에 지나온 일들이 하나님께 이끌려 살아온 것을 그때서야 깨닫게 됐고 특히 17항, 18항, 32항에서 언급했던 것처럼 내 힘으로는 살 수 없었던 사연들이었습니다.

울 엄마는 돌아가실 때 이외에는 일평생 동안 한 번도 병들어 눕지 않으셨습니다. "네 아버지의 기도가 무서운 것이야!" 하고 나에게 몇 번이나 말했는데 허 과부와 싸우고부터는 말하지 않으셨습니다. 하나님은 주무시거나 졸지도 않으시며 자기가 창조하신 70억도 넘는 인간들을 한 사람이라도 불행하지 않게 하여 자기의 이름이 영광(榮光)되게 하십니다. 또한 하나님은 인간과 다릅니다. 인간들은 과거와 현재와 미래가 있으나 하나님은 현재뿐이며 시작과 끝은 없으며 죽음은 약간 위치가 바뀔 뿐 궁극(窮極)에는 하나님 안에서 우리 모두는 만납니다. 우리의 일생(一生)은 하나님을 닮아가는 과정이며 초신성(超神聖)하게 창조하여 자기(하나님)와 사귀려고 하셨으나 사탄이 인간들을 유혹하여 가니 하나님은 외로우신 분입니다. 하나님은 천년을 하루같이 죄인들이 돌아오기를 기다리신다고 합니다.

울 엄마가 허 과부를 이기려했으나 진 것이며 아버지께서 말씀하신 "예수님 말씀대로 왼 뺨도 돌려대라!"는 말씀에 따랐다면 진 것 같으나 이겼을 것인데 3대(代)가 화(禍)를 당하여 전세방을 열두 번을 다니며 그 진한 억울함 가운데서도 십자가의 피(血, 40항)로 새사람이 되게 했으니 늘 울어도 그 은혜 갚을 길 없어 몸이라도 바치고 싶습니다.

8 · 15 해방이 되고 얼마 안 되어 이스라엘 전직 총리 패리시가 내한하여 다음과 같이 말했습니다.

"기성세대는 가슴에 증오(恨)를 품고 살아온 세대다. 그러나 젊은 세대는 이와 다르다. 그들에게는 자유가 있다. 기성세대의 말이나 역사

책에서 나오는 말을 너무 믿지 마라. 미래는 과거의 연장선상(延長線上)에 있는 것이 아니다. 계속해서 새로운 세계가 오게 마련이다. 미래의 사회는 소유(所有)의 혁명이 아니라 존재(存在)의 혁명이다. 지식은 너무 빨리 변하는 시대가 오고 있다. 지식을 배우는 것(How to Know)보다 배우는 법(How to Lean)을 익혀라."

과연 우리는 6 · 25의 잿더미에서 G20이라는 기적을 이루었습니다. 나라는 작아도 세상에서 가장 요긴한 위치이며 옛날부터 탐을 내어 강탈당했고 미사일 기지를 만들면 세계를 제패(制覇)한다고 유혹하여 김정일은 그런 꿈속에서 갑자기 죽었습니다. 우리는 세계만국을 태평성세(泰平盛世)로 이끄는 나라를 만들어야 합니다. 그것이 동방의 등불이 되게 하신 하나님의 예정일 것입니다. 김정일이 서울을 불바다가 되게 한다고 말했을 때 미국사람이 고향으로 가니 한국 사람도 따라가는 자가 있었으나 우리 아줌마들은 유모차를 끌고 서울 거리를 웃으며 활보하니 관광 온 자들이 놀랐다고 합니다. 하나님도 놀라셨을 것입니다.

우리 조상들은 나라가 시작될 때 흰옷을 입고 제단을 쌓고 하늘임께 제사 드리며, "나물 먹고 물 마시고 팔을 베고 누었으니 대장부 살림살이가 이만하면 넉넉하지."라고 노래하여 강탈도 약탈도 깊고 길었던 원한도 다 잊으려 했고 다만 태평성세를 원하며 "생육하고 번성하라!"는 하늘님을 노래한 그 후손들입니다. 어디에 씨를 뿌려도 수십배를 거두며 산 좋고 물 맑아 금수강산이라고 자랑하며 강한 자가 약탈해 와도 갈 곳도 없고 갈 수도 없었습니다. 이제는 갈 곳이 있는 자도 피할 곳은 없게 됐습니다. 8 · 15 해방처럼 부정과 비리로부터 해방

되며 이웃과 나라를 내 몸같이 사랑해야 통일(統一)도 이루게 하시는 하나님의 예정 가운데 있습니다. 나라마다의 정의는 공의(公儀)로, 무기는 버리고 하나님의 말씀대로 국법을 세워야 합니다. "선한 자는 하늘이 복으로 보응하고 악한 자는 하늘이 화로 보응한다(僞善者 天報之以福 僞惡者 天報之 以禍)."고 우리는 조상 때부터 이 말을 명심해왔습니다.

성서는 이렇게 말합니다.

"인간의 몸은 죽은 후에는 흙으로 돌아간다. 그러나 그들의 영혼은 죽거나 자는 것이 아니라 영원히 살게 되며 창조주(創造主, 하나님)께 돌아가는 것이다. 의로운 자의 영혼은 완전히 거룩하게 되어 가장 높은 하늘의 빛과 영광 가운데 계시는 하나님의 얼굴을 보며 그들의 육신이 완전히 구원(救援)되기를 기다린다. 악한 자의 영혼은 완전히 악해지며 고통과 어둠 가운데서 대심판 날까지 있게 된다. 악한 자의 몸은 하나님의 능력으로 영원히 굴욕을 당하기 위하여 다시 살아나게 하시며 의로운 자의 몸은 그리스도의 영으로 인하여 영광을 위해 다시 살아나서 그리스도 자신의 영광스러운 몸과 같아진다."

다 허쳐버려도(허비하여도) 가난한 친구를 즐겁게 하며 "죄짓고는 못 산다!"던 울 엄마와 아직도 자식을 양육하시는 울 엄마 같으신 어머니들께 눈물로 감사드립니다. 행복하십시오. 감사합니다.

| 후기를 대신하며… |

장녀 최신영, 권사

내가 태어났을 때 아버지는 점심을 자시려고 가깝지도 않은 집에까지 걸어오셔서 자셨다고 합니다. 왜 그랬냐고 물어보니 "점심때 네가 보고 싶어서 왔단다."고 대답하셨습니다.

아버지는 저를 잘 가르치시려고 하셨으나 할머니는 "여자가 똑똑하면 팔자가 사납다!"고 하셨습니다.

이후 우리 식구는 정든 고향을 버리고 낯선 객지로 이사하여 숱한 고생을 했습니다.

이 모든 것이 나의 부덕 때문인 것 같아 지금까지 부모님과 동생들에게 미안하여 죄인처럼 살아왔습니다.

내 힘으로 잘해드리려고 했지만 세월은 꿈같나 봅니다. 아버지도 어머니도 흰 머리카락이 많아지니 생각대로 되는 것은 없어 서글퍼집니다.

아버지 오래오래 사세요. 아버지가 있어 정말 든든합니다.

3녀 최미경, 교감

5 · 16 군사정부는 그때 혼란한 정국을 새마을운동으로 새롭게 했습니다. 이 혼란 가운데 아버지는 전혀 생소한 이장으로 임명되어 적지 않은 고역을 치렀답니다. 그때 우리 마을 이장과 농협장은 얼굴이 붉어져 있을 때가 많았고 동민들은 모두 입을 다물고 있는데, '좌상(마을에서 존경받는 나이 많은 노인)'이 "저 도적놈들이 술로 동리를 다 마셔버리려고 하니 골목님이 나를 데려가려고 한다. 자네가 나서야 하네!"라고 애원하여 아버지는 이장이 됐답니다.

그때 협조하는 동민은 반장 네 명뿐이었으나 혼신의 힘을 다하여 가장 뒤떨어졌던 마을을 가장 앞서게 했다고 합니다.

그러나 내가 태어날 때 토끼처럼 뛰어 출생했으니 어머니도 나도 허약하여 살아날까 걱정하며 "자네가 나서야 하네!" 하시던 좌상이 원망스러웠으나, 돌이켜 생각하니 하나님이 나를 어려운 사람들을 도우라는 은혜의 벼슬을 주셨다고 내 이름을 은경(恩卿)이라고 짓고 출생신고를 하니 호적계에 있는 아버지 친구 분이 미경(美卿)으로 고쳤다고 합니다.

나는 어느 이름이든 관심하지 않았는데 아버지는 은경이라고 부르시며 "네가 가르치는 아이들 중에 '수신제가(修身齊家) 치국평천하(治國平天下)' 하며, 다윗 같은 자가 배출되게 하라."고 하셨습니다. 아버지의 말씀을 따라 그렇게 하기 위해 성실히 하니 직업에 만족을 느껴서 더 열심히 아이들을 가르칠 수 있었습니다.

아버지 감사드립니다. 언제나 건강하세요!

손녀 최혜윤, 대학생

할아버지 하면 먼저 생각나는 것이 있습니다. 그때 우리는 좁은 집에서 갑자기 큰 집으로 이사했습니다.

오빠는 마당에 농구대를 만들어 공을 던져 넣으면서 "슛 골인"을 연발하고 할아버지와 나는 종이비행기를 접어서 날리며 신기해했습니다.

하루는 내가 라면을 어렵게 끓였는데 오빠가 뺏어가는 것을 할아버지가 보시고 기다란 막대기로 오빠를 사정없이 치셨습니다. 나는 오빠가 불쌍해서 울었습니다.

오빠도 울 줄 알았는데 아무렇지도 않아 보였습니다. 그래서 오빠에게 아프지 않았느냐고 물었습니다. 오빠는 "혜윤아 할아버지가 나를 치던 막대기는 종이 막대기야. 할아버지는 내가 미워서 치는 것이 아니란다. 아버지가 엄마를 치니까 아버지가 미워서 나를 쳤단다." 하며 오빠가 나를 위로했습니다. 그렇게 정다웠던 그 세월이 10년도 더 지났습니다.

이제 할아버지는 시골로 가십니다. 그래도 할아버지는 조금도 쓸쓸하지 않다고 하십니다. 인간은 죽으면 하나님께로 모이게 된다고 하십니다.

할아버지, 할아버지가 가르쳐주신 종이비행기보다 나은 진짜 비행기로 세상 한 바퀴 구경시켜 드릴 것입니다. 만수무강하세요.

울 엄마와 아들

초판 인쇄일 2015년 6월 29일
초판 발행일 2015년 7월 6일

지 은 이 최성달
펴 낸 곳 코람데오
등 록 제300-2009-169호
주 소 서울시 종로구 세종대로 23길 54, 1006호
전 화 02) 2264-3650~1
팩 스 02) 2264-3652
e-mail soho3@chol.com

ISBN 978-89-97456-40-6 03230
값 8,000원